AF629498

Jutta Langheineken
Christa Weinrich (OSB)

SCHWESTER CHRISTAS MISCHKULTUR

ulmer

Jutta Langheineken
Christa Weinrich (OSB)

SCHWESTER CHRISTAS MISCHKULTUR

Biologisch gärtnern mit dem gesammelten Wissen der Klosterfrauen

Mischkultur: Was ist das?

Mischkultur: So geht's

Mischkultur zum Nachpflanzen

Mischkultur mit Blumen, Obst und Kräutern

||–» VORWORT VON SCHWESTER CHRISTA

„Die Natur als Lehrmeisterin“

Als unsere Schwestern nach dem 2. Weltkrieg begannen, den Klostergarten naturgemäß zu bewirtschaften, war ihnen zunächst die Fruchtbarerhaltung des Bodens ein großes Anliegen. Dabei wurde die Natur zur Lehrmeisterin für die Methoden, nach denen wir unseren Garten bis heute bearbeiten: Durch Kompostbereitung versuchen wir, den Kreislauf „Boden – Pflanze – Boden“ zu schließen und durch Bodenbedeckung und schonende Bearbeitung schützen wir den Boden vor Erosion und Austrocknung.

Wir beobachteten auch, dass sich in der freien Natur bestimmte Pflanzengesellschaften zusammenfinden, die sich gegenseitig Schutz und Hilfe bieten. Das musste doch auch für unsere Kulturpflanzen gelten! So begannen wir gezielt, Pflanzenkombinationen auszuprobieren und die Ergebnisse festzuhalten. „Mischkultur“ nannte man diese Methode, die bereits einige Jahre vorher Frau Gertrud Franck (†1996) in ihrem Garten auf der Schwäbischen Alb praktizierte. Ein reger Erfahrungsaustausch mit ihr und anderen engagierten Biogärtnern befruchtete unsere Arbeit, deren Ergebnisse wir schon in den 1960er-Jahren in unserem Rundbrief „Winke für den Biogärtner“ publizierten.

Inzwischen schauen wir auf eine mehr als 70-jährige Mischkulturpraxis in unserem Klostergarten zurück. Was sich dort in vielen Versuchen bewährt hat, geben wir gern weiter. Allen, die nach dieser Anleitung planen und arbeiten, wünschen wir gutes Gelingen, reiche Ernten und die Freude, die der Garten trotz aller Mühe reichlich schenkt.

Sr. Christa Weinrich (OSB)

||–» VORWORT VON JUTTA LANGHEINEKEN

„Mit kleinen Schritten zu etwas Großem …"

Wer sich damit beschäftigt, Gemüse im eigenen Garten anzubauen, stößt über kurz oder lang auf den Begriff „Mischkultur". Geht es dabei nicht einfach darum, Zwiebeln und Möhren nebeneinander zu pflanzen; Tagetes zwischen das Gemüse zu säen und darauf zu warten, dass sie sich gegenseitig gut tun? Ja und nein. Tatsächlich ist die Grundlage der Mischkultur die Erkenntnis, dass Pflanzen sich gegenseitig im Wachstum fördern, aber auch hemmen. Dahinter aber steht ein ganzes System voller spannender Zusammenhänge, voller Möglichkeiten. So spannend und so ausgeklügelt wie die Natur nun einmal ist.

Mein Motto für Leben und Arbeit ist: Ich will Menschen für Natur begeistern. Weil sie mich fastziniert und begeistert. Ob als unscheinbares Gewächs am Wegesrand oder in Szene gesetzt im Garten. Seit meiner Kindheit interessiere ich mich dafür, was in der Natur vor sich geht, das Gartenbau-Studium war die logische Fortsetzung. Je mehr ich begriff, wie sehr Pflanzen und Tiere, Luft, Wasser und Licht zusammengehören und wie fein ihre Kreisläufe aufeinander abgestimmt sind, desto selbstverständlicher und unerlässlicher wurde es für mich, biologisch zu gärtnern. Es lag nah, mich intensiver mit der Mischkultur zu beschäftigen.

Mindestens genauso faszinierend waren für mich aber die Menschen, die ich für die Arbeit an diesem Buch kennenlernen durfte. Ihre Lebensorte und -weisen könnten unterschiedlicher nicht sein: eine Benediktinerin im Stadtkloster mit langer Garten-Tradition, eine Schlossherrin mit Deutschlands größtem Küchengarten, eine Fernsehgärtnerin und Pflanzenbotschafterin sowie eine Selbstversorgerin in den österreichischen Bergen. Eines sind sie aber alle: Gartenvisionärinnen, die Lust darauf haben, Neues auszuprobieren, Erfahrungen zu machen und ihr Gartenwissen weiterzugeben. Ihre Geschichten sind hier gesammelt.

Eine besondere Ehre und Freude ist mir, dieses Buch zusammen mit Schwester Christa Weinrich von der Benediktinerinnen-Abtei zur Hl. Maria in Fulda zu schreiben. Die Besuche im Klostergarten waren sehr lehrreich und die besondere Energie, die von diesem Garten ausgeht, inspirierend. Davon soll dieses Buch erzählen.

Jutta Langheineken

In der Natur stehen verschiedene Pflanzenarten nebeneinander. Bei der Mischkultur nutzt man die positiven Effekte, die das mit sich bringt.

Worum es geht.

Mischkultur ist eine Methode des naturgemäßen Anbaus, die sich seit vielen Jahren bewährt hat: So wie in einem guten Freundeskreis jeder dem anderen nach seinen Möglichkeiten hilft, unterstützen Pflanzen in Mischkultur sich gegenseitig. Die einen sondern Düfte ab, die Schädlinge abhalten, andere hinterlassen Nährstoffe im Boden, die von nachfolgenden Pflanzen genutzt werden können, dritte dienen anderen Pflanzen als Stütze.

Buntes Miteinander

Das klingt, als ob ein kompliziertes System nach dem Motto „wer hilft wem" dahintersteckt. Tatsächlich gibt es Pflanzen, die gut miteinander können. Andere können sich im wahrsten Sinne des Wortes nicht riechen. Welches passende Kombinationen sind, ist aber durchaus erlernbar. Wie aber erleichtert Mischkultur das Gärtnern? Und warum lohnt es sich, unterschiedliche Pflanzenarten zusammen anzubauen und immer neue Kombinationen auszuprobieren?

Der Natur abgeschaut

Vieles, was sich im biologischen oder naturgemäßen Gartenbau bewährt hat, haben wir uns von der Natur abgeschaut. Ein gutes Beispiel hierfür ist der unberührte Wald. Tief wurzelnde Eichen und flach wurzelnde Buchen bilden die erste und zweite Baumschicht, niedrig bleibende Gehölze das darunterliegende Strauchwerk.

Krautige Pflanzen wie Wald-Weidenröschen, Fingerhut, Springkraut, Geißbart und Farne bilden die nächstniedrigere „Etage" des Waldes. Dicht am Boden wachsen Schattengräser, Buschwindröschen, Efeu, Moose und Pilze. Dazwischen bedecken abgestorbene Pflanzenteile und herabgefallenes Laub die Erde.

All diese Pflanzen bilden zusammen mit den größeren und kleineren Tieren, die sie beherbergen, und den Bodenorganismen ein großes Ganzes. Man spricht von Ökosystemen.

AUS DEM NOTIZBUCH VON

Sr. Christa

MONOKULTUR IST ...

... der Anbau einer einzigen Kultur auf einer großen Fläche. Im Garten spricht man statt von Monokultur auch von Gleichkultur. Gemeint ist damit auch das Pflanzen jeder Art auf ein eigenes Beet.

Bunt, bunter, Mischkultur: Stehen verschiedene Gemüsearten dicht beieinander auf den Beeten, fördert dies das Bodenleben und die Gesundheit der Pflanzen.

Auch das ist Mischkultur: Während man in einer Reihe erntet, kann direkt daneben schon wieder frisch gesät werden.

Ähnlich ist es mit einer Wiese, auf der die unterschiedlichsten Gräser, Kräuter und Blumen auf kleinstem Raum wachsen. Die einzelnen Arten dieser Pflanzengesellschaften haben sich innerhalb großer Zeiträume hinsichtlich ihrer Lebensbedürfnisse aufeinander eingestellt und bilden nun eine Gemeinschaft. Sie konkurrieren um Licht, Wasser, Boden und Nährstoffe.

In unseren Gärten wachsen die Pflanzen jedoch nicht wo sie wollen, sondern wo sie sollen. Meist stehen die Gemüsearten säuberlich getrennt in Reih und Glied im Beet. Im Extremfall werden Monokulturen angelegt. Dass solche Pflanzungen aus einer einzigen Art nicht ohne besondere Düngung und Pflege seitens des Menschen gedeihen können, leuchtet ein.

Ein Gegenentwurf ist die Mischkultur. Oft werden verschiedene Pflanzenarten reihenweise wechselnd angebaut, gelegentlich wird auch innerhalb einer Reihe gemischt. Im ursprünglichen System der Mischkultur wurde sogar auf die Einteilung in Beete verzichtet. Stattdessen werden die Reihen über die gesamte Anbaufläche gezogen. Beetkultur ist also nicht automatisch das Gegenteil von Mischkultur.

Aber auch wenn Sie die Fläche in Beete geteilt haben, weil die Bearbeitung Ihnen dann leichter fällt, können Sie dort die unterschiedlichsten Pflanzen miteinander kombinieren. Zwar kann selbst der findigste Gärtner nie so ideale Gemeinschaften zusammenstellen, wie sie sich in der Natur zusammenfinden. Doch wir können von diesen Pflanzengesellschaften lernen. Wir können versuchen, unsere Nutzpflanzen im Garten ebenfalls miteinander, nebeneinander und nacheinander so anzubauen, dass sie sich im Wachstum fördern und sich beim Kampf gegen Schädlinge und Krankheiten unterstützen.

Botenstoffe der Pflanzen

Pflanzen „kommunizieren" untereinander mit gasförmigen Stoffen (Phytonziden), die von den Pflanzen sowohl ober- als auch unterirdisch ausgeschieden werden. Diese Stoffe können die Umgebung der Pflanzen (Mikroorganismen, aber auch Nachbarpflanzen) positiv oder negativ beeinflussen. Die Lehre von den Wechselbeziehungen zwischen Pflanzen wird als „Allelopathie" bezeichnet.

Vorbild Wildwiese: Pflanzen wie Borretsch, die viele Blüten bilden, locken Insekten in den Garten. Ein natürliches Gleichgewicht aus Schädlingen und Nützlingen entsteht.

Wie Pflanzen sich gegenseitig beeinflussen

Bereits 1937 veröffentlichte der Botaniker Hans Molisch ein Werk mit dem Titel: „Der Einfluss einer Pflanze auf eine andere – Allelopathie". Darin beschreibt er, dass sich Pflanzen durch Stoffe, die sie in der Wurzel bilden, gegenseitig beeinflussen. Bei Schnittblumen in der Vase ist der Effekt oft im Verlauf weniger Stunden oder Tage sichtbar. Bei Gemüsepflanzen ist er ebenso intensiv, die Wirkung wird aber erst über einen längeren Zeitraum deutlich.

Durch das Nebeneinandersetzen von verschiedenen Pflanzenarten kann sich:

- Ihre Resistenz erhöhen: Die Kulturen sind beim Auftreten einer Pilzinfektion nicht mehr oder kaum noch anfällig für die Krankheit.
- Ihr Wasserhaushalt verändern: Die Kulturen sind dann weniger empfindlich gegen Trockenheit.
- Die Zusammensetzung der Inhaltsstoffe verändern: Dies macht sich beim Verzehr bemerkbar.

Behalten Sie dieses Wissen im Hinterkopf: Was liegt da näher, als gezielt nach Pflanzenkombinationen zu suchen, die sich positiv beeinflussen und ergänzen? Die Empfehlungen, die auf den Seiten 44, 145, 155 und 165 zusammengestellt sind, beruhen auf langjährigen Erfahrungen im Garten der Abtei Fulda, aber auch auf Erfahrungen von Gärtnern, die unter anderen Boden- und Klimabedingungen einen Garten bewirtschaften.

Es geht noch schlimmer: Oft steht auf mehreren Hektar Land nur eine Pflanzenart. Krankheiten können sich ausbreiten.

Gemeinsam stark

Der Anbau in Mischkulturen bringt für unsere Gärten mehr Vorteile mit sich, als gemeinhin angenommen wird. Daran ändert auch die Tatsache nichts, dass einige Wechselbeziehungen nicht in allen klimatischen Zonen und unter allen Umständen oder gar wissenschaftlich bestätigt werden konnten. In langjährigen Anbauversuchen bekräftigen unterschiedliche Argumente den Anbau in Mischkultur.

Abgesehen von allen inneren Vorgängen im Boden und in den Pflanzen wirkt ein Mischkulturgarten sehr direkt positiv auf den gärtnernden Menschen. Da zum Kulturenmix blühende Pflanzen gehören, bereichert die Arbeitsweise den Garten durch einen ansprechenden Anblick, was sich wiederum auf Besitzer und Betrachter auswirkt. Sie können nun gleich mit den Beispielen von erprobten Pflanzenkombinationen losgärtnern, die wir von Seite 47–83 vorstellen. Oder sich in den nächsten Kapiteln von den Vorteilen der Mischkultur überzeugen lassen.

Schichtarbeit: Verschiedene Wurzeltiefen

Wie groß das Wurzelsystem einer Pflanze ist, ist von Art zu Art unterschiedlich. Einige Gemüsearten sind sogenannte Flachwurzler. Sie schieben ihre Wurzeln nur in die oberen Bodenschichten. Dementsprechend können sie auch nur die darin gespeicherten Nährstoffe nutzen. Werden auf einer Fläche nur Flachwurzler angebaut, werden die tiefer liegenden Nährstoffvorräte durch Regen und Gießwasser in den Untergrund gespült.

WAS IST WAS?

Flachwurzler:
Erbse, Feldsalat, Gurke, Kartoffel, Kohlrabi, Kopfsalat, Mais, Radieschen, Schalotte, Spinat, Zwiebel

Tiefwurzler
Bohne, Kürbis, Mangold, Möhre, Paprika, Pastinake, Rote Bete, Tomate, Weißkraut, Winterendivie, Wirsing

Karotten bilden ein tiefes Wurzelsystem. So werden auch Nährstoffe in den unteren Bodenschichten genutzt.

Die sogenannten Tiefwurzler dringen 1 m oder tiefer in den Boden ein. Sie können auch solche Nährstoffe binden, die zu versickern drohen. Durch ihr Vordringen in tiefe Bodenschichten schaffen sie außerdem Wurzelröhren, über die andere Pflanzen leichter in tiefe Bodenzonen vordringen können. Je tiefer eine Pflanze in den Boden vordringt, desto besser kann sie sich mit Nährstoffen aller Art versorgen und umso leichter übersteht sie gelegentliche Trockenperioden.

Durch das Pflanzen von Flach- und Tiefwurzlern neben- und nacheinander werden also die Nährstoffvorräte des Bodens besser ausgenützt. Das schont die Umwelt und den Geldbeutel, denn Sie müssen weniger düngen.

Lieblingsessen: Nährstoffe unterschiedlich nutzen

Pflanzen nehmen nicht nur in unterschiedlichen Wurzeltiefen Nährstoffe auf. Auch im Bedarf, also in Menge und Art, unterscheiden sie sich. Das heißt, was die eine Kultur nicht nutzt, kommt der anderen zugute. In Düngemitteln, auch in den organischen, sind die Nährstoffe in immer gleichen Verhältnissen enthalten. Wird nur jeweils eine Pflanzenart angebaut, bleiben einige Nährstoffe ungenutzt. Im schlimmsten Fall werden sie ins Grundwasser gespült.

Aber auch ein Zuviel an unerwünschten Nährstoffen kann zu Wachstumshemmungen führen. Stellen Sie sich ein Beet vor, das ausschließlich mit Sellerie bepflanzt ist. Dort suchen alle Pflanzen in den gleichen Bodenschichten nach den gleichen Nährstoffen. Nur wenn sie vermehrt Wurzeln ausbilden, können sie auch in anderen Bodenschichten Nahrung aufnehmen. Das verbraucht Energie und die Knollen bleiben klein.

Bauen Sie jedoch Sellerie in Mischkultur mit Blumenkohl an, so bewirkt das Folgendes: Nährstoffe und Wasser, die der Sellerie nicht aufnehmen kann, verwertet der Blumenkohl. Zudem hält der Sellerie-Duft Kohlschädlinge ab. Die Kombination ist also dreifach sinnvoll:

- Nährstoffe werden besser ausgenutzt.
- Das Wachstum wird gefördert.
- Schädlinge werden abgewehrt.

Nach Kürbis baut man am besten sogenannte Schwachzehrer an (siehe Seite 117). Das sind Pflanzen, die einen niedrigen Stickstoffbedarf haben.

Gut zugedeckt: Den Boden beschatten

Auf einer Wiese wird der Boden durch einen dichten Teppich grüner Halme, im Wald durch das jährlich herunterfallende Laub vor direkter Sonneneinstrahlung geschützt. Wie wichtig diese Schattengare ist, hat man in letzter Zeit in der Landwirtschaft wieder neu entdeckt.

Im Gemüsegarten kann zwischen Pflanzen wie den Dicken Bohnen, die lang und hoch wachsen, deren Blätter jedoch nicht breit genug sind, die Sonne ungehindert einstrahlen. Ist der Boden unbedeckt, trocknet er schnell aus. Es bildet sich eine zusammenhängende feste Kruste, die bisweilen sogar rissig wird. Durch diese Risse wiederum verdunstet aus tieferen Bodenschichten Feuchtigkeit, die die Pflanzen dringend benötigen würden. In den verhärteten Boden kann außerdem weder Sauerstoff eindringen, noch Kohlendioxid entweichen. Für die Pflanzen bedeutet das Stress. Sie wachsen schlechter und sind dementsprechend anfälliger für Schädlinge und Krankheiten. Außerdem ist ein unbedeckter Boden starken Regenfällen schonungslos ausgesetzt.

Pflanzen mit großen Blättern, wie die Gartenmelde verhindern, dass der Regen ungebremst auf den Boden fällt. Zarte Pflanzen werden geschont.

Säen Sie jedoch zwischen die Reihen der Dicken Bohnen Spinat oder Melde, so fungieren deren bodennahe Blätter wie kleine Sonnenschirme. Sie beschatten den Boden, der dadurch gleichmäßig feucht bleibt. Bei Platzregen fangen sie die harten Tropfen ab und entlassen sie fein zerteilt auf die Erde. Die Krume wird weder weggeschwemmt, noch verschlämmt sie. In einem solchen Boden und mit dieser Nachbarschaft fühlen sich die meisten Gemüsepflanzen wohl. Sie gedeihen prächtig, und der Gärtner kann außer der Hauptkultur, also den Dicken Bohnen, auch noch Spinat und Melde ernten.

Aktiv bleiben: Bodenmüdigkeit vorbeugen

Wird auf einem Stück Land über mehrere Jahre die gleiche Kultur angebaut, kann man beobachten, dass trotz Düngung und Pflege der Ertrag langsam zurückgeht. Man spricht dann von Bodenmüdigkeit. Ist ein Fruchtwechsel, also der Anbau verschiedener Kulturen auf derselben Fläche nicht möglich, zum Beispiel weil es sich um Obstgehölze handelt, können Sie Tagetes zwischen die Pflanzen setzen. Dasselbe gilt natürlich auch für andere Pflanzenkombinationen. Immer da, wo nicht eine Kulturart allein, sondern mehrere Arten miteinander wachsen, ist die Gefahr der Bodenmüdigkeit gebannt.

Garer Boden?

Ein fein krümeliger Boden, der gut durchlüftet ist und Wasser gut speichern kann, wird „garer Boden“ genannt. Erreicht man diesen Zustand durch das Bedecken des Bodens mit Pflanzen oder einer Mulchschicht, ist von Schattengare die Rede.

Stark werden: Krankheiten und Schädlinge abwehren

Um Angriffe von Schädlingen und Krankheitserregern überstehen zu können, haben sich Pflanzengemeinschaften entwickelt, die sich gegenseitig durch spezielle Wurzelausscheidungen helfen. Für den Garten heißt das: Pflanzen Sie die richtigen Partner zusammen, schützen sie sich gegenseitig.

Von Praktikern wird seit Langem bestätigt, dass gemischte Bestände weitaus seltener einer Schädlingsplage oder einer Krankheit zum Opfer fallen als Monokulturen. Da Schadinsekten und Krankheitserreger auf Wirtspflanzen spezialisiert sind, ist das durchaus einleuchtend. Zudem besitzen viele Schädlinge die Fähigkeit, ihre Wirtspflanzen über kilometerweite Entfernungen hin auszumachen.

Stellen Sie sich ein großes Kohlbeet oder gar ein Kohlfeld vor. Alle Kohlpflanzen scheiden den für Menschen kaum wahrnehmbaren Stoff Sinigrin aus. Kohlschädlinge werden aber von ihm angezogen. Fliegen die Kohlblattläuse auf dieses Beet, finden sie reichlich Nahrung, ihre Nachkommen können ungehindert von Pflanze zu Pflanze wandern und bald ist der gesamte Bestand befallen.

Bei einer Mischkultur dagegen wird schon die Wanderung der Schädlinge von Pflanze zu Pflanze erschwert, wenn zwischen den Reihen der Hauptkulturen immer wieder Hindernisse in Form von Pflanzen eingestreut sind, die nicht als Wirtspflanzen für die jeweiligen Schädlinge in Betracht kommen. Aber auch schon vorher bildet der gemischte Bestand einen Schutz vor bestimmten Pflanzenfeinden. Da nämlich jede Pflanze ihre eigenen Duftstoffe ausscheidet, entsteht ein Duftgemisch, das die Schädlinge verwirrt. So finden sie ihre Wirtspflanzen oft gar nicht. Es gibt sogar Kombinationen, bei denen die Ausscheidungen des einen Partners die Feinde des anderen Partners regelrecht abschrecken. Ab Seite 43 finden Sie Beispiele, wie Sie den Garten durch Mischkultur gesund halten können.

Hoch hinaus: das Wachstum fördern

Schließlich gehört es zu den Vorteilen der Mischkultur, dass es Pflanzen gibt, die sich nachweislich im Wachstum fördern. Möglicherweise gehen wachstumsfördernde Reize noch viel häufiger von einer Pflanze auf die andere aus, nur wird eine gut gelungene Kombination nicht immer auf ihre Ursachen hin analysiert.

So entsteht Bodenmüdigkeit

Steht immer dieselbe Pflanzenart auf derselben Stelle, werden Nährstoffe nur einseitig ausgenutzt. Im Boden reichern sich wuchshemmende Wurzelausscheidungen an. Die Mikroorganismenflora wird einseitig; Krankheitskeime und Schädlinge, die nur eine Pflanzenart befallen, entwickeln sich. Besonders stark tritt Bodenmüdigkeit bei Rosengewächsen auf, zu denen auch Kern- und Steinobstarten gehören.

Ist der Boden auch im Herbst und Winter mit Pflanzen bedeckt, profitiert das Bodenleben und damit das Nährstoffverhältnis.

Der Einstieg in die Mischkultur ist leichter als man glaubt. Je besser man sich mit dem Prinzip auskennt, desto mehr kann man mit Arten und Sorten experimentieren.

Große Taten, kleine Schritte.

Ein Mischkulturgarten kann mehrere Hektar groß sein, das System funktioniert aber auch auf kleiner Fläche. Wer sich zum ersten Mal darin versucht, oder womöglich sogar Gartenanfänger ist, beginnt am besten erst einmal im kleinen Rahmen.

AUS DEM NOTIZBUCH VON

Sr. Christa

REICHE ERNTE

Zucchini sind ideal, wenn Sie mit wenig Aufwand möglichst viel ernten möchten.

Tipps für Einsteiger

Vor dem Loslegen steht zunächst einmal das Planen. Dazu gehören Überlegungen wie: zusammen anzubauen und immer neue Kombinationen auszuprobieren?

- Welche Gemüsearten mögen Sie? Welche möchten Sie auf jeden Fall anbauen? Und welche eher nicht?
- Für wie viele Personen soll die Ernte reichen?
- Geht es Ihnen nur darum, Gemüse zu ernten, oder sollen auch Zierpflanzen einbezogen werden?
- Gibt es einen Obstgarten, in dem Sie auch mit Mischkultur arbeiten möchten?
- Welche Fläche können und wollen Sie bearbeiten?
- Sind Sie Schönwetter-Gärtner oder verspüren Sie auch im Herbst und Winter Tatendrang und Lust auf frische Luft?

Die beste Zeit für diese Überlegungen ist der Winter. Dann können Sie in aller Ruhe die Gemüsearten und -sorten auswählen und Saatgut besorgen. Ab April ist es Zeit für die ersten Arbeiten im Freien.

Möchten Sie Tomaten anbauen, ziehen Sie diese am besten ab März auf der Fensterbank vor.

Die Kunst der Kombination

Auf den ersten Blick mag das Arbeiten mit Mischkultur kompliziert wirken. Die Beispiele im Buch geben Hilfestellung. Sie stammen aus dem Klostergarten in Fulda, wo seit den 1960er-Jahren mit Mischkultur gearbeitet wird. Das heißt, dass sie in vielen Jahren zuverlässig für gute Ernten gesorgt haben. Es bedeutet aber auch, dass in Ihrem Garten andere Kombinationen ebenso gute oder bessere Ergebnisse bringen können.

Möchten Sie Neues ausprobieren, reicht es, drei Dinge im Auge zu behalten:

- DIE ZEIT: Wie lange braucht die Gemüseart bis zur Ernte? Und in welchen Monaten steht sie auf dem Beet?
- DIE WIRKUNG: Ist die Gemüseart ein Stark- oder Schwachzehrer und zu welcher Pflanzenfamilie gehört sie? Doldenblütler sind schlecht miteinander verträglich und sollten nicht direkt nacheinander auf dasselbe Beet gesetzt werden; Zwiebelgewächse, zu denen Knoblauch oder Lauch gehören, enthalten Senföle, die auf Schädlinge abschreckend wirken.
- DIE GRÖSSE: Wie hoch und breit werden die Pflanzen? Das hat Einfluss darauf, ob Sie sie lieber in die Beetmitte stellen, um anderen Schatten zu spenden, oder als Windschutz an den Rand. Hoch wachsende Pflanzen wie Mais können als Kletterhilfe dienen.

Legen Sie zum ersten Mal ein Mischkultur-Beet an, sind sechs bis sieben Kulturen insgesamt völlig ausreichend. Den ersten Versuch mit Mischkultur können Sie machen, indem Sie Möhren und Radieschen in dieselbe Reihe säen. Sie schützen sich gegenseitig vor Krankheiten und bis die Möhren die ganze Reihe beanspruchen, sind die Radieschen bereits abgeerntet.

So nutzen Sie das Buch in der Praxis

Möchten Sie die gezeigten Beispiele verwenden, wählen Sie aus den vorgeschlagenen Beetkombinationen (ab Seite 47) diejenige aus, die am besten zu Ihren Bedürfnissen passt. Die Beetkombinationen sind alphabetisch nach den Hauptkulturen sortiert.
Wenn Gemüsearten enthalten sind, die Sie nicht anbauen möchten, können Sie diese austauschen. Dafür entnehmen Sie den Skizzen in den Beispielen, mit welchen Pflanzenarten sie gleichzeitig auf dem Beet stehen. Suchen Sie sich in der Tabelle auf Seite 44 heraus, welche Kulturen stattdessen passen würden.
Möchten Sie neue Kombinationen ausprobieren, sind die Tabellen als Werkzeug passend.
Machen Sie sich dafür zunächst eine Liste mit den Kulturen, die Sie auf jeden Fall anbauen möchten. Anschließend prüfen Sie mit der Tabelle „Diese Gemüsearten passen zusammen“ auf Seite 44, welche gute Partner wären.
Nun notieren Sie, in welchen Monaten die jeweiligen Kulturen auf dem Beet stehen und ob sie eher als Leit- oder Begleitkulturen geeignet sind (siehe dazu ab Seite 112).
Beginnen Sie den Plan zunächst mit wenigen Arten. Je mehr Erfahrungen Sie sammeln, desto ausgefeilter können die Beetpläne werden. Kombinationen, die sich über mehrere Jahre bewährt haben, können Sie jedes Jahr wieder verwenden. Probieren Sie eigene Beetpläne! Notieren Sie, welche Arten Sie auf die Beete gepflanzt haben und wie Ihre Beobachtungen sind. So können Sie im Laufe der Zeit Ihre Mischkultur-Praxis verfeinern.

Nicht nur Geschmacksache

Sind in der vorgeschlagenen Kombination mit Ihrem Lieblingsgemüse Gemüsearten enthalten, die Sie nicht ernten möchten, überprüfen Sie, ob diese eventuell eine pflanzenschützende oder düngende Funktion in der Kombination haben. Dann kann es nützlich sein, dass Sie sie trotzdem anbauen, auch wenn sie anschließend nicht verzehrt werden.

Zwischen den schlank nach oben strebenden Maispflanzen ist Platz für Gemüsearten, die niedriger bleiben.

Manche Gemüsearten wie der Palmkohl sind so schön, dass es verlockt, mehr davon zu pflanzen als man verzehren und verarbeiten möchte.

Die Kohl-Kalkulation.

Wie viel kann ich in meinem Garten ernten? Oder anders gefragt: Wie groß muss mein Gemüsegarten sein, wenn ich zumindest teilweise zum Selbstversorger werden möchte?

Für Anfänger sind Gemüsearten wie Radieschen wunderbar geeignet. Sie keimen schnell und können roh verzehrt werden.

Erntemengen einschätzen

Erntemengen hängen von Faktoren ab, die Sie nicht alle selbst beeinflussen können. Das Wetter lässt sich nun mal nicht ändern. Entscheidend ist aber, welchen Zustand der Boden hat. Er ist die Grundlage alles Gärtnerns. Mit einem Mischanbau verschiedener Gemüsearten wird seine Struktur verbessert: Pflanzen mit hoher Blattmasse beschatten den Boden, sodass das Bodenleben gefördert, der Wasserhaushalt reguliert und der Boden feinkrümelig wird. Das kommt allen Gemüsekulturen zugute.

Gleichzeitig ist es Sinn einer Mischkultur, dass die Beete gar nicht oder nur eine möglichst kurze Zeit brach liegen. So können Sie mit dem Anbau in Mischkultur selbst im kleinen Garten hohe Erträge erzielen.

Bewirtschaften Sie ein Beet von 10 m² Größe in Mischkultur (erprobte Beetkombinationen ab Seite 47), können Sie etwa mit folgenden Mengen Gemüse rechnen:

Gemüseart	Menge
Buschbohnen	etwa 15 kg
Erbsen	7–10 kg
Möhren	40–60 kg
Rettiche	100–140 Stück
Sellerie	40–60 kg
Kopfsalat	120–160 Stück
Zwiebeln	30–40 kg
Stangenbohnen	25–35 kg
Gurken	20–40 kg
Rote Bete	40–50 kg
Tomaten (3 Pflanzen)	70–120 kg
Eissalat	90–120 Stück

Richtig ernten: So geht's

Bei vielen Gemüsearten kommt es bei der Ernte darauf an, den richtigen Zeitpunkt abzupassen, damit sie gut ausgereift, aber nicht überreif und gut haltbar sind. Hier ein paar Hinweise, wann die Ernte ansteht:

- KÜRBISSE: Sie müssen hohl klingen, wenn Sie darauf klopfen. Erst dann sind sie erntereif und halten im Keller einige Wochen.
- KOHL: Liegen die beiden obersten Blätter des geschlossenen Kopfes noch fest und platt auf, wächst der Kopf noch weiter – zur Ernte ist es zu früh. Erst wenn diese Blätter nach außen umschlagen, ist Kopfkohl erntereif. Warten Sie zu lange, platzen die Kohlköpfe auf und beginnen zu schießen.
- MÖHREN: Höchste Zeit für die Möhrenernte ist es, wenn das Laub beginnt, sich rötlich braun oder gelb zu färben.
- BLUMENKOHL: Lockert sich die „Blume", also der weiße Kopf, und bekommt eine gelbliche Farbe und eine buckelige Oberfläche, ist Blumenkohl erntereif.
- BOHNEN: Bohnen schmecken am besten, wenn sie erst ein Viertel ihrer vollen Länge erreicht haben. Die Hülse bricht dann beim Biegen mit einem leichten Knacken. Lässt sie sich wie Gummi dehnen, sind die Bohnen zum frischen Verbrauch nicht mehr geeignet. Lassen Sie sie dann so lange an der Pflanze, bis die Schote trocken ist. Die Kerne können Sie dann zum Kochen oder zur Aussaat im nächsten Jahr verwenden.

Morgenstund' …

Auch die Tageszeit spielt eine Rolle, wenn es darum geht, Gemüse zu ernten. Für die Haltbarkeit ist es am besten, am Morgen oder frühen Vormittag zu ernten. Dann sind die Pflanzen von der Nacht noch frisch und prall und länger haltbar. Möhren, Wurzelpetersilie oder Sellerie können Sie jetzt gut ernten.

Andererseits ist der Gehalt an Nährstoffen höher, wenn die Pflanzen einige Stunden Sonne abbekommen haben. Das Nitrat dagegen ist dann schon größtenteils abgebaut. Für Blattgemüse und die nitratspeichernde Rote Bete ist also der späte Nachmittag der beste Erntezeitpunkt. Zumindest sollte mindestens drei Stunden die Sonne geschienen haben, bevor Sie zur Ernte starten.

Bei Blattgemüse wie Salaten, aber auch Mangold, Spinat oder Petersilie ist der Nitratgehalt geringer, wenn man sie am Nachmittag erntet.

Kartoffeln und Kopfsalat sind gute Gemüsearten für Garteneinsteiger, als Mischkulturpartner jedoch weniger geeignet.

Ein Garten voller Energie

Liegt es an den eindrucksvollen Gebäuden, die den Garten umgeben? Der Nähe zur Stadt, aus der Alltagsgeräusche über die hohen Klostermauern hereinwehen? Der besonderen Energie, die von einem Garten ausgeht, der seit Jahrhunderten von einer christlich handelnden Gemeinschaft bewirtschaftet wird? Oder der Konsequenz, mit der hier biologisch gearbeitet wird?

„Ja, ja, Mischkultur …" necken die Ordensfrauen Schwester Christa, wenn das Gemüse zwischen einem bunten Blütenmix mal wieder kaum zu sehen ist. Schwester Christa schüttelt dann leicht den Kopf, atmet einmal hörbar aus und sagt wissend lächelnd: „Aber genau so soll es doch sein …". Die meisten der gemeinten Pflanzen sind in Wirklichkeit Blumen oder Kräuter, die die gärtnernde Nonne absichtlich zwischen den schnurgeraden Gemüsereihen aussät. Oder stehen lässt, wo im letzten Jahr Saatgut liegen geblieben ist, was jetzt Blüten treibt. Andere sind unter konventionellen Gärtnern zwar als „nicht gartenwürdig" oder Unkraut verschrien, haben aber einen positiven Effekt auf benachbarte Pflanzen und dürfen deshalb bleiben.

Beim Innehalten und Betrachten erfährt Schwester Christa viel über ihren Garten.

Jeden Tag nimmt Schwester Christa sich Zeit, den Garten und sein je nach Jahreszeit wechselndes Gesicht zu betrachten. Nicht nur um festzustellen, was zu tun ist und aus den anstehenden Arbeiten einen prall gefüllten Wochenplan aufzustellen. Auch seine Schönheit nimmt sie immer wieder aufs Neue gefangen. „Ich kann längst nicht alles schaffen, was getan werden müsste. Also schaue ich zwischendurch immer dahin, wo es gerade besonders schön ist, statt mich ständig damit zu beschäftigen, wo noch überall Arbeit auf mich wartet."

||–» OBST, KRÄUTER UND GEMÜSE

Arbeit gibt es genug in dem 2.0500 m² großen, von hohen Mauern eingefassten Gartenstück in Fulda. Es gibt ein Rasenstück mit Obstbäumen, Kräuterbeete und eine Kräuterspirale, die Nachbildung eines mittelalterlichen Klostergartens mit in Holzrahmen gefassten Beeten, Beerensträucher, bunte Staudenpflanzungen, ein

Entlang der Wirtschaftsgebäude erstreckt sich der größte Teil der Gemüsebeete.

> **TIPPS ZUM MITNEHMEN**
>
> Seit 1961 gibt die Abtei Fulda die „Winke für den Biogärtner" heraus. Das Heft enthält praktische Gartentipps rund um das biologische Gärtnern. Es erscheint dreimal im Jahr und kann abonniert werden.

Gewächshaus für die Anzucht und einen Folientunnel sowie drei große Flächen für Gemüse.

Bewirtschaftet wird die Fläche größtenteils von Schwester Christa. Regelmäßige Unterstützung bekommt sie von Jugendlichen, die im Kloster ihr Freiwilliges Ökologisches Jahr absolvieren, und einer Gartenhelferin, die mehrmals die Woche bei Ernte und Pflege hilft. Bei Großeinsätzen, wie dem Säubern der Wege oder wenn Kräuter für Teemischungen geschnitten werden müssen, packen auch andere Schwestern mit an. Im Winter tauscht Schwester Christa Schaufel und Schere gegen Rührbecher und stellt Humofix her.

Was im Garten wächst, wird in der Klosterküche verwendet. Reicht die Ernte nicht, um die 21 Frauen starke Ordensgemeinschaft zu versorgen, wird zugekauft, wobei Gemüse aus der Region bevorzugt wird. Im Gegensatz zu Gärtnern und Landwirten, die von ihrer Ernte leben müssen, kann Schwester Christa im Klostergarten Vieles ausprobieren. Voll Dankbarkeit spricht sie von diesem Luxus, ihr Wissen vertiefen und erweitern, festhalten und an andere Gärtner weitergeben zu können.

||–» HUMOFIX UND MISCHKULTUR

Dazu gehört das Arbeiten mit Mischkultur. Als Schwester Christa 1976 in das Kloster kam, experimentierte die Fuldaer Ordensgemeinschaft schon etwa zehn Jahre mit dieser Form des Gartenbaus. Über das englische Kloster Stanbrook war man in den 1950er-Jahren dazu gekommen, sich mit der Kompostwirtschaft zu beschäftigen.

Die Kräuter für das Kompostpräparat Humofix werden auch im Abteigarten gesammelt.

In der Abtei Fulda war Schwester Laurentia für den Garten zuständig. Sie brannte für die Natur. Eine Methode des Gärtnerns, bei der man den Boden nicht auslaugt, sondern ihn dauerhaft gesund erhält, kam ihr wie gerufen. Sie ließ sich aus Stanbrook eine Probe des „quick return powders" schicken. Das Kompostpräparat rührten die englischen Schwestern aus verschiedenen Heilkräutern zusammen. Die Ergebnisse waren überzeugend und sie begann, weiter damit zu experimentieren. „Humofix", für das die Abtei bis heute bekannt ist, war geboren.

Durch die Erfahrung motiviert, wollten die Schwestern weiter herausfinden, wie man ohne chemische Pflanzenschutzmittel gesundes Obst und Gemüse anbauen könnte. Sie suchten sich Pflanzen, die kaum von Krankheiten und Schädlingen befallen werden, und stellten Jauchen und Brühen daraus her. Die Rezepturen und ihre Beobachtungen gaben sie an Hobbygärtner weiter. Was in vielen Gärten funktionierte, wurde veröffentlicht. Auch setzten sie die robusten Pflanzen neben schutzbedürftige und beobachteten, ob diese gesund blieben.

||–» KONTAKT ZU GERTRUD FRANCK

Inzwischen hatte Sr. Olivia die Nachfolge von Sr. Laurentia angetreten und Sr. Agatha setzte die gewonnenen Erkenntnisse in die Praxis um. Auf der Suche nach Gleichgesinnten kamen sie in den 1960er-Jahren mit Gertrud Franck in Kontakt. Die Bio-Gärtnerin hatte ein System entwickelt, bei dem Pflanzen, die sich gegenseitig im Wachstum fördern, miteinander angebaut werden, und damit für Aufsehen in der Biogarten-Szene gesorgt. Sie kam mehrmals nach Fulda. Zusätzlich ließen die Schwestern sich bei Besuchen in Gertrud Francks Garten in ihre Arbeitsweise einführen. Auch Schwester Christa war des Öfteren dort zu Gast.

Im Winter entstehen die Anbaupläne für den kommenden Sommer.

||–» AUF DEN EIGENEN GARTEN ANGEPASST

Aber nicht alles, was im Franck'schen Garten praktiziert wurde, ließ sich eins zu eins auf den Klostergarten in Fulda übertragen. Die gärtnernden Nonnen brauchten Flächen, auf denen sie Dinge ausprobieren konnten statt eines jedes Jahr gleichen Anbauplans. Außerdem war ihr Garten zu groß für das Anbauschema. Deswegen entwickelten die Schwestern ihr eigenes System – den Anbau von Mischkultur in Beeten.

TOMATEN ANBINDEN

Binden Sie die Tomaten lieber an horizontal verlaufende Drähte, statt sie um geringelte Tomatenstäbe zu winden. So ist die Gefahr kleiner, dass der Haupttrieb abbricht.

In den 1980er-Jahren bekam Schwester Christa von der Äbtissin die Möglichkeit, an der Fachhochschule Osnabrück Gartenbau zu studieren. Biologischer Gartenbau gehörte damals noch nicht auf den Lehrplan, und dass Kunstdünger als Allheilmittel gepriesen wurde, kam der jungen Nonne ziemlich altertümlich vor. Statt sich jedoch von ihrem Weg abbringen zu lassen, bestärkte es sie, sich weiter mit der biologischen Arbeitsweise zu beschäftigen.

Im Laufe der Jahre ist eine bunt gemischte Sammlung Tomatensorten zusammen gekommen.

„Das Wissen, was wir weitergeben, ist nicht in Versuchen überprüft, die wissenschaftlichen Standards genügen würden. Aber es sind trotzdem wertvolle Erfahrungen, die wir in unserem Garten nutzen können und Hobbygärtnern weitergeben möchten", erklärt Schwester Christa. Heute praktiziert sie im Klostergarten eine Mischung von dem, was ihr die älteren Ordensschwestern mit auf den Weg gaben, was die Osnabrücker Professoren vermittelten und was sie durch den Austausch mit anderen Gärtnern in Erfahrung brachte.

||–» IMMER WIEDER NEUES

So werden auf den Flächen verschiedene Gemüsearten in direkter Nachbarschaft zueinander angebaut. Neben aufrechten Lauchstangen stehen Möhren, Buschbohnen, Rote Bete, Zwiebeln, Mangold, Zucchini, Erbsen, verschiedene Kohlarten und immer wieder Spinat, weil er den Boden so herrlich locker hinterlässt. Tomaten beranken eine Konstruktion aus Metallstäben und -drähten, dazwischen wächst Baldrian und Sellerie.

Im Folientunnel stehen früh im Jahr Feldsalat und Spinat, später Tomaten und Gurken. Kräuter und bunte Blumen bereichern das Bild. Bei den Kombinationen, wer neben wem stehen darf, greift sie auf das gesammelte Wissen der Ordensschwestern zurück und probiert immer wieder Neues.

||–» ES FUNKTIONIERT!

Mit Dankbarkeit betrachtet Schwester Christa, wie das biologische Arbeiten mit dem Kulturmix den Garten gesund hält.

Vor dem Folientunnel wächst der Beinwell ohne großes Zutun.

Dass eine Kultur komplett ausfällt, hat sie viele Jahre nicht mehr erlebt. Schädlinge und Krankheiten sind selten geworden oder treten nur so kleinflächig auf, dass die Verluste zu verschmerzen sind. Eine solche „heile Gartenwelt" entsteht aber nicht von heute auf morgen. Es braucht einige Jahre, bis das Gleichgewicht hergestellt und der Boden dauerhaft gesund ist.

||–» SCHÖN SOLL ES SEIN

Der Mischkultur, aber auch dem benediktinischen Denken ist es zu verdanken, dass der Garten auch den Augen Wohltuendes bietet. Zu jeder Jahreszeit ist etwas Blühendes zu sehen.

Denn schließlich soll ein Klostergarten auch ein Ort sein, an dem man sich wohlfühlt, wo man sich an frischer Luft und Pflanzen erfreuen kann. Schwester Christa liebt besonders das Frühjahr, wenn die zarten Blütenröckchen der Akeleien über den gerade austreibenden Kräutern und Stauden tänzeln. Für die Klosterküche beginnt dann endlich wieder die Zeit, in der sie den Speiseplan mit frischem Gemüse bereichern kann.

Doch auch für die Ordensschwestern ist der Klostergarten mehr als die Fläche auf der wächst, was sie essen wollen. Sie genießen den Ausblick aus den Zellen ins Grüne, gehen zwischen Bäumen und Blumenbeeten spazieren oder spielen mit Momo. Der Klosterhund, eine Mischung aus Labrador und Königspudel, ist ein gerissener Handschuh-Dieb, vor dem außerdem kein Apfel sicher ist.

An Sommertagen sind die Sitzplätze im Schatten der Obstbäume beliebte Orte für das Studium der Schriften oder Gespräche darüber. Im Winter stellen die Schwestern den Vögeln kleine Leckerbissen hin.

Die Entscheidung, den Klostergarten an bestimmten Tagen für Besucher zu öffnen, fiel der Gemeinschaft nicht leicht. Aber der Kontakt zu den Besuchern bereichert auch. Sie bringen Tomatenpflänzchen von Sorten, die es wert sind, angebaut zu werden, berichten aus ihren Gärten und von den Beobachtungen, die sie dort machen, und liefern Wissen, was Schwester Christa im Klostergarten weiterhilft. Denn auch wenn feste Tagesabläufe und das Leben in nur den Ordensangehörigen vorbehaltenen Räumen zum Leben der Benediktinerinnen gehört, waren westliche Klostergärten immer Nutzgärten, aber auch Kulturstätten – und sind es heute noch. In ihnen wird Wissen gesammelt, verwahrt, angewendet, aber auch weitergegeben.

In Fulda hat dies eine besondere Tradition: Walahfried Strabo, der 840 n. Chr. eine der frühesten erhaltenen botanischen Schriften verfasste, war Benediktiner und Schüler der Fuldaer Klosterschule. Wer das Glück hat, in Fulda durch die Beete des Klostergartens der Abtei zur Hl. Maria streifen zu dürfen, wandelt dort auf den Spuren jahrhundertealter Gartentradition und einer Art zu Gärtnern, die immer noch ihre Berechtigung hat.

Auch Gemüse ist schön. Zucchini haben sonnengelbe, handgroße Trichterblüten.

Aus dem Klosterladen kann man einen Blick in den Garten werfen.

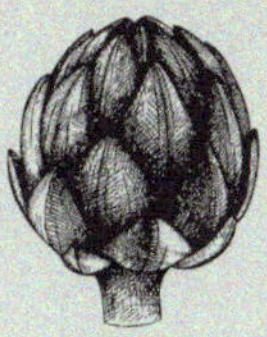

GARTEN DER ABTEI FULDA

GARTEN:	KLOSTERGARTEN DER ABTEI ZUR HL. MARIA, FULDA (HESSEN)
GRÖSSE:	2.000 M²
BESUCHEN:	SR. CHRISTA BERÄT IM KLOSTERLADEN UND BEI VORTRÄGEN ZUM BIOLOGISCHEN GARTENBAU. DER GARTEN IST AN EINZELNEN TERMINEN GEÖFFNET.
INFORMIEREN:	WWW.ABTEI-FULDA.DE

Stehen die Gartengeräte dort parat, wo man arbeiten möchte, fällt das Gärtnern leichter. Genauso wichtig sind gut begehbare Wege zwischen den Beeten.

Draußen loslegen.

Sie wissen, welche Gemüsearten Sie ernten möchten, nach welchem Schema Sie arbeiten wollen und welche Sorten die passenden für Ihre Kombination sind? Dann ist es nun Zeit, Beete anzulegen.

Beete anlegen

Die Größe und die Form der Beete bestimmen, wie leicht die Arbeit im Gemüsegarten fällt. Sind sie zu breit oder die Wege zu schmal, wird das Bearbeiten erschwert. Als ideal hat sich eine Breite von 1,20 m erwiesen. So können Sie die Mitte mit Gartengeräten erreichen, ohne den vorbereiteten Boden zu betreten. In kleineren Gärten kann es sinnvoll sein, die Breite auf 1 m zu reduzieren.

Rechteckig oder quadratisch?

Auf einer rechteckigen Fläche legen Sie am besten mittig einen Weg an, der sie in zwei Längshälften teilt. Rechts und links davon werden die Beete angeordnet. Anzahl und Länge richten sich nach der Größe des Gartens. Gärten mit quadratischer Form können Sie auch nach Art eines Bauerngartens mit einem Wegekreuz anlegen. Zwischen den Beeten ist ein Weg von 30 cm Breite sinnvoll. So können Sie von den Rändern aus bequem arbeiten.

Gärtnern mit dem Sonnenstand

Legen Sie die Beete am besten quer zur Haupt-Windrichtung an. Da der Wind bei uns meist von Westen kommt, ist das die Nord-Süd-Richtung. So kann außerdem die Sonne den ganzen Tag alle Pflanzen gleichmäßig bescheinen.

Wege und Kanten anlegen

Die Wege zwischen den Beeten können Sie festtreten. Besser ist es aber, sie mit Steinen oder Holz zu befestigen. So sind sie auch nach mehreren Jahren und bei feuchter Witterung noch gut begehbar. Auch eine Bodenbedeckung mit Sägemehl oder Rindenmulch hat sich bewährt. Dadurch wird aufkommendes Unkraut unterdrückt und die Wege bleiben für einige Jahre sauber.

Verwenden Sie die oben genannten Materialien nur für die Wege, aber nicht in den Beeten. Die Gemüsepflanzen würden sonst im Wachstum gehemmt. Eine Einfassung der Beete, beispielsweise mit Buchsbaum, einer Lavendel- oder Bohnenkrauthecke, ist schön, aber arbeitsaufwändig. Bedenken Sie, dass eine Randbepflanzung Platz braucht, mit den Gemüsepflanzen um Wasser und Nährstoffe konkurriert und das Bearbeiten nicht einfacher macht.

Der Boden ist vorbereitet, die Reihen sind markiert, die ersten Pflanzen gesetzt: Im Lauf des Gartenjahres zeigt sich, ob der Mischkulturplan aufgeht.

Vom Papier aufs Beet.

Den Mischkulturgarten auf dem Papier zu planen ist eine Sache, die Umsetzung im Beet eine andere. Hilfreich sind gute Ordnungssysteme und wetterfeste Markierungen, die die Gartensaison im Freien überdauern.

AUS DEM NOTIZBUCH VON

Sr. Christa

LEICHTER ABMESSEN

Messen Sie Handspannen, Stiel- oder Blattlängen von Arbeitsgeräten ungefähr aus und nutzen Sie diese als Hilfsmaße.

Die Planung in den Garten übertragen

So stimmig das Mischkultur-Konzept in der Theorie sein mag, ob es wirklich funktioniert, zeigt sich erst im Verlauf des Gartenjahres. Wind und Wetter, schlechtes Saatgut oder ein paar Tage Urlaub, in denen Sie den Garten nicht gießen können, haben oft unvorhersehbare Folgen. Umso wichtiger ist es, den Teil, den Sie selbst beeinflussen können, so gut wie möglich zu machen. Dazu gehört eine gute Vorbereitung.

In den folgenden Pflanzbeispielen werden Pflanzabstände in Zentimeter angegeben. Dies soll Anfängern bei der Einteilung der Beete helfen. Je mehr Erfahrung Sie sammeln, desto mehr können Sie sich später auf Ihr Augenmaß verlassen. Sie markieren dann nur noch die Beetränder und die Beetmitte und wählen für die Zwischensaaten jeweils die abgeschätzte Mitte zwischen den Einzelreihen.

Alles an einem Ort

Besorgen Sie sich pro geplantem Beet eine Kunststoffbox oder Holzkiste. Darin sammeln Sie alle Samentüten, die Sie für die jeweilige Kombination brauchen. Außerdem beschriften Sie passend zum Kisteninhalt Pflanzschilder. Diese können aus Kunststoff, Holz oder Metall sein. Wichtig ist eine große Aufschrift-Fläche, sodass Art und Sorte

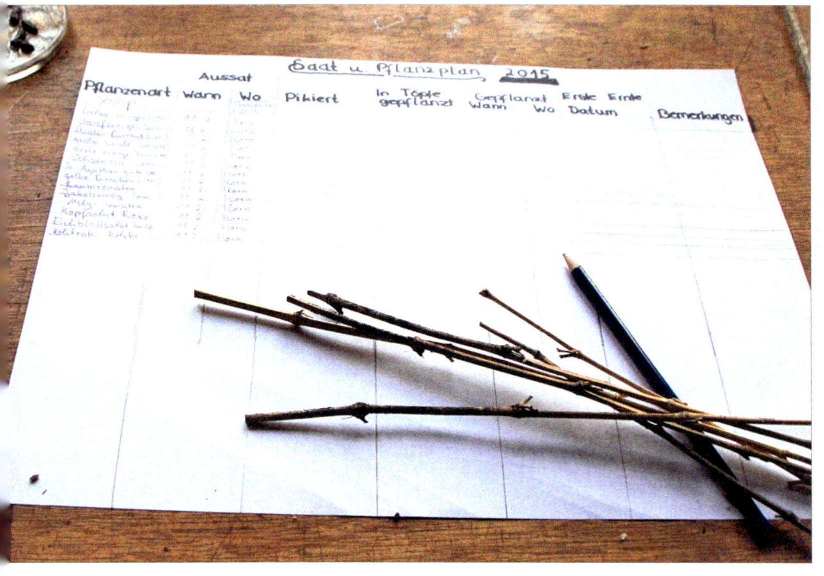

Vor allem in den ersten Jahren ist es sinnvoll, alle Aussaattermine und Erntemengen zu notieren.

vermerkt werden können. Beschriften Sie die Schilder mit einem abwischbaren Stift, können Sie sie jedes Jahr wieder verwenden. Die Schilder stecken Sie ebenfalls in die Kiste. Hilfreich ist außerdem ein Beetplan, den Sie durch Laminieren gartenfest gemacht haben. So haben Sie alles zur Hand, was Sie zum Anlegen des Beetes brauchen.

Im Frühjahr nehmen Sie Kiste und Pflanzplan mit in den Garten. Messen Sie die Reihenabstände aus und markieren Sie am vorderen Ende des Beetes die Reihen mit dem entsprechenden Pflanzschild beziehungsweise mehreren Schildern, wenn mehrere Kulturen dort stehen werden.

Günstiger als gekaufte Schilder sind Holzstäbe, bei denen ein Ende angespitzt ist. Sie können sie beschriften oder mit unterschiedlichen Mustern bemalen. Jede Farbkombination steht dann für eine andere Kultur. Solche Hölzer können Sie jedes Jahr wieder verwenden. Sie müssen sich nur notieren, für welche Kultur die Farbkombinationen stehen.

Beginnen Sie mit der Planung so früh wie möglich im Jahr. Auch das Beschaffen von Saatgut können Sie bereits erledigen, wenn ans eigentliche Gärtnern noch nicht zu denken ist. So sind Sie bestens gerüstet, wenn die Temperaturen steigen und es draußen mit dem Vorbereiten der Beete und den ersten Saaten losgehen kann.

Es ist immer wieder erstaunlich, wie viel (Be-)Merkenswertes man im Laufe eines Gartenjahres wieder vergisst. Je weniger Erfahrung Sie mit dem Anbau von Gemüse haben, desto genauer sollten Sie also Anbaupläne, Aussaattermine und Sorten notieren; ebenso die Beobachtungen, die Sie übers Jahr machen. Eigene Erfahrungen sind eine wertvolle Ergänzung zum Wissen, das Sie von anderen vermittelt bekommen.

HILFREICH BEIM HACKEN

Möchten Sie sichergehen, dass Sie beim Hacken Unkraut und kein Gemüse erwischen, markieren Sie auch das hintere Ende der Reihe und spannen eine Schnur dazwischen. Gesät wird entlang dieser Hilfslinie, gehackt nur rechts und links davon.

Alles, was man braucht: Pflanzschnur für gerade Reihen, Zollstock zum Abmessen der Abstände, farbig gestrichene Holzstäbe zum Markieren der Reihen und Saatgut. Mit dem Handfeger wird nach dem Benutzen alles wieder sauber gemacht.

Verschiedene Gemüse, Blumen und Kräuter werden bei der Mischkultur im selben Beet angebaut. Viele Kombinationen sind bereits erprobt.

Grünes bunt gemischt.

In der Abtei Fulda wird seit den 1960er-Jahren mit Mischkultur gearbeitet. Die Schwestern haben viele Kombinationen ausprobiert. Wählen Sie aus 40 empfehlenswerten Vorschlägen die aus, die zu Ihnen und Ihrem Garten passen.

Auf gute Nachbarschaft!

Die Nachbarschaft von Zwiebeln und Knoblauch fördert das Wachstum von Wicken. Möhren unterstützen das Wachstum von Erbsen und Wicken. Sellerie und Blumenkohl gedeihen besonders gut zusammen. Frühkartoffeln beeinflussen Dauerkohlarten positiv und umgekehrt, solange die Frühkartoffeln so früh geerntet werden, dass die Kohlpflanzen in ihrem kräftigen Wachstum ab Ende Juli nicht behindert werden.

Mischkultur auf Beeten

Auf den nächsten Seiten finden Sie Kombinationen der Mischkultur, die sich über viele Jahre bewährt haben. Dabei ist den wichtigen Gartenkulturen jeweils ein Abschnitt gewidmet mit einer, manchmal auch mehreren Kombinationen. Neben einer Beschreibung enthält jedes Beispiel eine Skizze, wie dasselbe Beet in verschiedenen Monaten aussieht. Natürlich können Sie einzelne Gemüsearten auch durch andere ersetzen. Bei der Suche nach Alternativen helfen die Tabellen auf Seite 44 und Seite 114.

Den Beispielen liegen Beete mit 1,20 m Breite zugrunde. Für schmalere Beete lassen sich die Kombinationen anpassen, wenn Sie die Abstände der Reihen um 3 bis 5 cm variieren. Sollten Sie mehr Fläche zur Verfügung haben, können Sie den Abschnitt einfach mehrfach nebeneinander anlegen. Die Wege belassen Sie dann in einfacher Breite.

Wicken blühen noch schöner, wenn man Zwiebeln oder Knoblauch daneben pflanzt.

Diese Gemüsearten passen zusammen

Gemüseart	günstige Nachbarschaft
Auberginen	Kohlarten, Ringelblumen, Salat, Spinat
Blumenkohl/Brokkoli	Buschbohnen, Phacelia, Sellerie, Tomaten
Buschbohnen	Baldrian, Bohnenkraut, Borretsch, Dill, Erbsen, Erdbeeren, Gurken, Kartoffeln, Kohlarten, Mangold, Radieschen, Rettich, Rhabarber, Rote Bete, Sellerie, Tomaten
Chinakohl	Bohnen, Erbsen, Kohlrabi, Spinat
Endivien	Fenchel, Kohlarten, Möhren
Erbsen	Kohlarten, Möhren, Radieschen, Rettich, Rhabarber, Salat, Spinat
Fenchel	Salat, Endivien, Gurken
Frühkartoffeln	Blumenkohl, Buschbohnen, Borretsch, Frühkohl, Pfefferminze
Gurken	Basilikum, Dill, Fenchel, Kopfsalat, Sellerie, Spinat, Stangenbohnen, Zwiebeln
Kartoffeln (siehe auch Frühkartoffeln)	Ackerbohnen, Borretsch, Buschbohnen, Farnkraut, Frühkohl, Meerrettich, Pfefferminze, Spinat
Knoblauch	Erdbeeren, Gurken, Lauch (Porree), Möhren, Obstbäume, Rosen, Tomaten, Zwiebeln
Kohlarten	Borretsch, Buschbohnen, Erbsen, Möhren, Phacelia, Rhabarber, Ringelblumen, Salat, Salbei, Sellerie, Spinat, Tagetes, Tomaten
Kohlrabi	Bohnen, Erdbeeren, Erbsen, Lauch (Porree), Rote Bete, Salat, Spinat, Tomaten
Kopfsalat	Bohnen, Borretsch, Dill, Erbsen, Gurken, Kohlrabi, Kohl, Radieschen, Rettich, Schwarzwurzeln, Spinat, Tomaten
Mangold	Buschbohnen, Kohlarten, Möhren, Radieschen, Rettich
Meerrettich	Kartoffeln, Obstbäume
Möhren	Endivien, Erbsen, Dill, Knoblauch, Kohl, Kresse, Lauch (Porree), Radieschen, Rettich, Salat, Schnittlauch, Tagetes, Tomaten, Zwiebeln
Lauch (Porree)	Erdbeeren, Knoblauch, Möhren, Schwarzwurzeln, Sellerie
Paprika	Brennnesseln, Gurken (bei der Anzucht), Kohlarten, Petersilie, Ringelblumen, Senf
Radieschen/Rettich	Bohnen, Erdbeeren, Kresse, Möhren, Salat, Schwarzwurzeln, Tomaten
Rhabarber	Bohnen, Kohlarten, Salat, Spinat
Rote Bete	Bohnen, Bohnenkraut, Dill, Zwiebeln
Schwarzwurzeln	Bohnen, Kohl, Lauch (Porree), Radieschen, Rettich, Salat
Sellerie	Blumenkohl und andere Kohlarten, Bohnen, Lauch (Porree), Spinat, Tomaten
Spargel	Bohnen, Dill, Kohlrabi, Salat
Spinat	Bohnen, Erbsen, Erdbeeren, Kohl, Radieschen, Rettich, Salat, Tomaten, Beerensträucher
Stangenbohnen	Bohnenkraut, Gurken, Ringelblumen, Rote Bete, Salat, Sellerie, Spinat, Tagetes
Tomaten	Bohnen, Kohlarten, Möhren, Lauch (Porree), Petersilie, Ringelblumen, Salat, Sellerie, Senf, Spinat, Tagetes, Zwiebeln
Zucchini	Basilikum, Bohnen, Kamille, Zwiebeln
Zuckermais	Bohnen, Erbsen, Gurken, Kürbis, Phacelia, Spinat
Zwiebeln	Gurken, Knoblauch, Majoran, Möhren, Rosen, Salat, Tomaten, Obstbäume

Gemüsearten, die nicht beieinander gepflanzt werden sollten, sind in der Tabelle auf Seite 93 aufgeführt.

So ein Pflanzenmix sieht schön aus und die Kohlarten sind durch die Tagetes vor Nematoden geschützt.

Möchte man mit Mischkultur arbeiten, sind für den Anfang erprobte Pflanzenkombinationen hilfreich. Später kann man diese dann abwandeln.

Erprobte Kombinationen für ein Beet.

Die folgenden Beispiele sind alphabetisch sortiert. Ausschlaggebend ist die Hauptkultur, also die Gemüseart, die am dominantesten ist. Angegeben sind jeweils die Abstände der Reihen voneinander sowie die Abstände der Pflanzen innerhalb der Reihe. Die Angabe „in der Reihe" bezieht sich also auf den Abstand von Pflanze zu Pflanze. Mit „Sommersalat" sind Sorten gemeint, die auch bei hohen Temperaturen nicht schossen. Mit „Herbstradieschen" oder „-spinat" Sorten, die bei kurzer Tageslänge keimen. In dem Monat, in dem die Gemüsearten ausgesät oder -gepflanzt werden, sind sie in fetter Schrift dargestellt.

Ideales Anfängergemüse: Radieschen keimen schnell und es gibt Sorten für das Frühjahr und den Herbst.

In Schale geschmissen: Bohnen

Buschbohnen – Salat – Kohlrabi

Sie können ernten:
Kohlrabi, Pflücksalat, Dill, Radieschen, Spinat, Buschbohnen, Kohl, Feldsalat

MÄRZ

Sobald der Boden abgetrocknet ist, pflanzen Sie in die Mitte des Beetes eine Reihe Frühkohlrabi. Die jungen Kohlrabipflanzen werden bei Trockenheit oft von Erdflöhen befallen. Das passiert nicht, wenn Sie rechts und links, jeweils 20 cm von den Kohlrabi entfernt, je eine Reihe Pflücksalat, dem etwas Dill beigemischt wird, säen. Bewährt hat sich der braune, schnell wachsende Eichblattsalat. Der Geruch der Salatblätter hält in weitem Umkreis die Erdflöhe von Kohlpflanzen ab. Auch Radieschen profitieren davon. Säen Sie diese in die gleiche Reihe mit dem Pflücksalat, sind sie ebenfalls vor Erdflöhen geschützt. Geerntet wird nach Bedarf. An die Ränder des Beetes, jeweils 20 cm vom Rand entfernt, kommt je eine Reihe Spinat.

MAI

Mitte Mai ist der Spinat geerntet, die Radieschen sind herausgezogen, vom herangewachsenen Pflücksalat wird laufend geerntet und die frühen Kohlrabi sind fast erntereif. In die Reihen, in denen der Spinat stand, können Sie nun Buschbohnen in Horsten legen. Dafür legen Sie im Abstand von jeweils 25 bis 30 cm in der Reihe fünf bis sechs Bohnensamen. Im zweiten Drittel des Mai wird zwischen die Kohlrabisetzlinge eine Spätkohlart (z. B.Rosenkohl, Rot- oder Weißkohl) im Abstand von 50 bis 60 cm in der

Busch- oder Stangenbohnen?

Die angeführten Kombinationen lassen sich auch mit Stangenbohnen durchführen. Für den kleinen Garten ist aber das Aufstellen und Abräumen der Stangen sowie das Ernten per Leiter mit viel mehr Arbeit verbunden als beim Anbau von Buschbohnen. Der Ertrag von Stangenbohnen auf dem gleichen Platz ist dafür dreimal, manchmal sogar vier- bis fünfmal so hoch wie bei den niedrigeren Buschbohnen.

Reihe gepflanzt. Bis die Kohlsetzlinge herangewachsen sind und den ganzen Platz beanspruchen, sind die Kohlrabipflanzen geerntet.

Juni

Ab Anfang Juni sind Pflücksalat und Dill abgeerntet. Buschbohnen und Kohlpflanzen können sich weiter ausbreiten.

August/September

Ende August sind die Buschbohnen geerntet und vom Beet abgeräumt. An ihren Platz werden nun je zwei Reihen **Feldsalat** im Reihenabstand von je 10 cm gesät. Ab September stehen also auf unserem Beet nur noch solche Pflanzen, die winterhart sind und bis zum jeweiligen Verzehr draußen bleiben können.

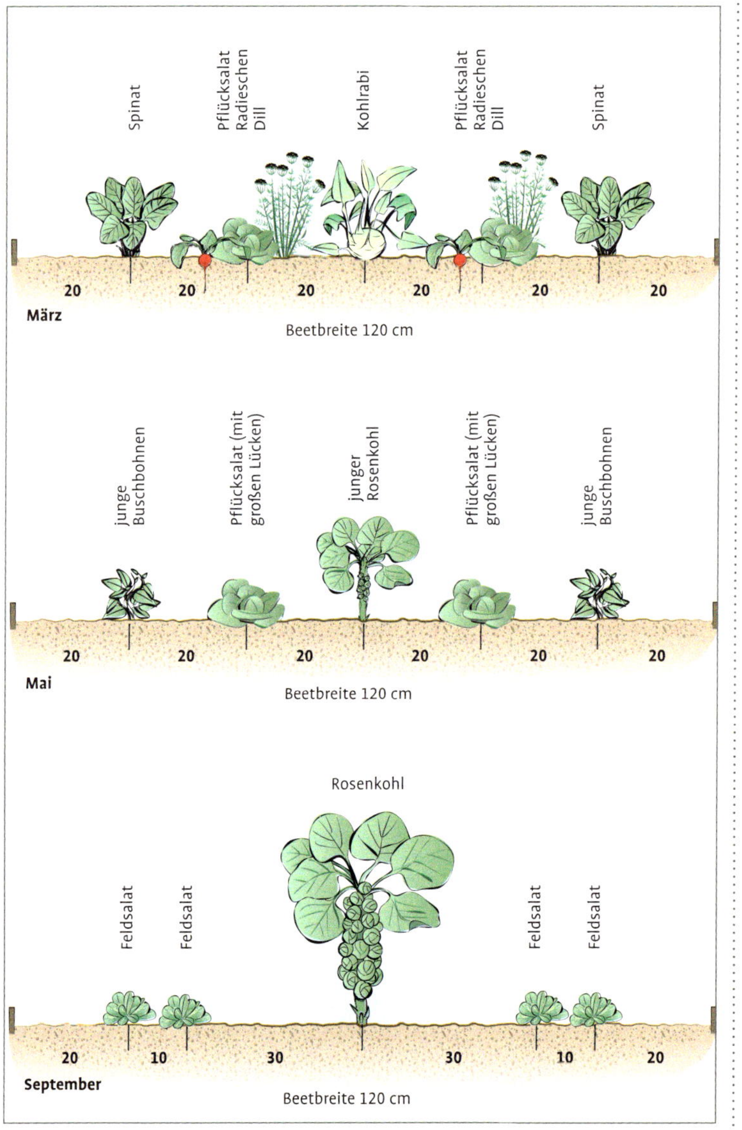

Buschbohnen – Salat – Kohlrabi mit Nachkulturen: Querschnitt durch das Beet im März, Mai und September.

Bohnen – Frühkohl, vorher: Kopfsalat – Radieschen

Sie können ernten:
Kopfsalat, Radieschen, Frühkohl, Buschbohnen, Endivien, Grünkohl

März

Sobald es die Witterung erlaubt, setzen Sie in die Mitte des Beetes zwei Reihen vorgezogene **Kopfsalatpflanzen**, jeweils 45 cm vom Rand entfernt. In der Reihe sind die Abstände 30 cm von Pflanze zu Pflanze. Zwischen die beiden Salatreihen können Sie noch eine Reihe **Radieschen** säen.

April

Mitte April pflanzen Sie je 20 cm von den Beeträndern entfernt zwei Reihen **Frühkohl**. Der Zwischenraum in der Reihe beträgt 45 cm.

Mai

Mitte Mai sind die Radieschen geerntet, beim Kopfsalat hat die Ernte begonnen. Zwischen den noch vereinzelt stehenden Kopfsalatpflanzen legen Sie nun **Buschbohnen**. Dafür legen Sie je fünf bis sechs Samen im Abstand von 25 cm in die Reihe und in nur jeweils 15 cm Abstand zum Kopfsalat. Wenn die Bohnen den Platz benötigen, ist der restliche Kopfsalat geerntet.

Juni/Juli

Im Juni hat auch der Kopfsalat das Beet geräumt und Ende Juni/Anfang Juli wird der Frühkohl geerntet. An seine Stelle pflanzen Sie jetzt je eine Reihe **Endiviensalat** im Abstand von 25 cm in der Reihe.

August

Anfang August haben auch die Bohnen den Platz geräumt. An ihre Stelle können Sie nun noch **Grünkohl** setzen bis etwa zum 10. August. So stehen zu Beginn des Winters auf diesem Beet noch Endivien und Grünkohl. Endivie kann zwar leichte Fröste vertragen, leidet aber bei stärkerem länger anhaltendem Frost sehr. Deshalb sollten Sie die Pflanzen im November mitsamt Wurzeln aus der Erde nehmen, in eine Kiste eng nebeneinander stellen und an einem geschützten dunklen Platz bis zum jeweiligen Verzehr des schmackhaften Wintersalates lagern.

Wo Bohnen wachsen, fühlt sich auch das Bohnenkraut wohl. Insekten lieben es und in der Küche ist es eine leckere Ergänzung zu Hülsenfrüchten.

Bohnen – Frühkohl mit Vorkulturen: Querschnitt durch das Beet im März, Mai und Juli.

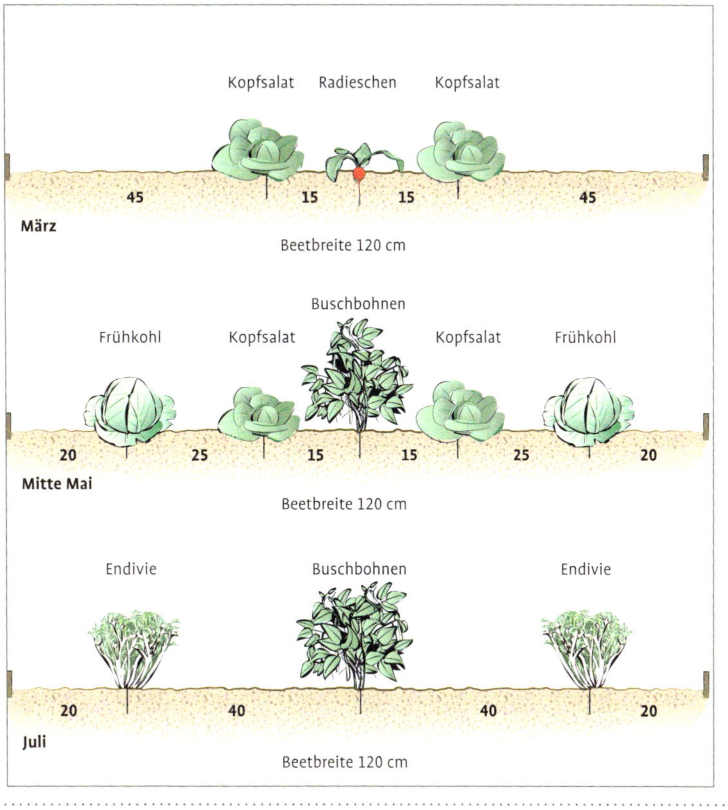

AUS DEM NOTIZBUCH VON

Sr. Christa

GRÜNDÜNGUNG MIT ZUSATZNUTZEN

Lassen Sie Senf an einigen Stellen ausreifen: Die Samenkörner können Sie zum Einlegen von Gurken und anderen süßsauren Gemüsen verwenden.

Willkommene Winter-Vitamine: Feldsalat.

Bohnen – Rote Bete

Sie können ernten:
Rote Bete, Bohnenkraut, Buschbohnen, Grünkohl, Feldsalat

April

Entfernen Sie Anfang April die Reste der winterlichen Gründüngung. Für die hier genannte Kombination aus Bohnen und Rote Bete ist Senf als Gründüngung gut geeignet. Jeweils 50 cm von den Beeträndern entfernt wird nun eine Reihe Rote Bete gesät. Auf beiden Seiten markieren Sie 20 cm vom Rand entfernt eine Reihe für die im Mai zu säenden Bohnen. Im Anzuchtkasten oder im Frühbeet säen Sie Bohnenkraut aus. Dieses wird nach den Maifrösten zu den Buschbohnen gepflanzt.

Mai

Anfang Mai legen Sie die Buschbohnen wie in den vorherigen Beispielen beschrieben. Die aufgelaufenen Rote Bete vereinzeln Sie auf 25 cm in der Reihe. Die weiten Abstände sind nötig, damit sich die Rüben gut entwickeln können. Dadurch wird der relativ enge Reihenabstand von nur 20 cm ausgeglichen. Pflanzen Sie nach den Maifrösten das vorgezogene, einjährige Bohnenkraut jeweils an die Ränder entlang der Bohnenreihen. Die Nachbarschaft des Bohnenkrautes wirkt sich positiv auf das Aroma der Bohnen aus, der Geruch hält außerdem Schwarze Läuse ab. Sind genügend Pflanzen vorhanden, können Sie alle 10 bis 15 cm, bei weniger Pflanzen etwa alle 20 bis 30 cm eine Pflanze setzen.

August/September

Nach der Ernte von Bohnen und Bohnenkraut können Sie bis zum 10. August noch Grünkohl pflanzen. Der Abstand innerhalb der Reihe beträgt 35 cm. Im Laufe des August, spätestens im September sind auch die Roten Bete erntereif. Ihr Platz kann nun vom Feldsalat eingenommen werden, den Sie sogar noch im September säen können. Grünkohl und Feldsalat bleiben über den Winter auf dem Land und werden je nach Bedarf geerntet.

Stangenbohnen – Salat/Kohlrabi – Feldsalat

Sie können ernten:
Kopfsalat, Kohlrabi, Stangenbohnen, Feldsalat

März/April

Bepflanzen Sie, sobald es die Witterung erlaubt, die Beetmitte mit vorgezogenen Kopfsalat- und Kohlrabipflanzen im Wechsel mit Abständen von 30 cm in der Reihe. Der Salat soll dabei, wie schon erwähnt, den Kohlrabi vor Erdflohbefall schützen. Eine Aussaat von Kopfsalat und Kohlrabi Anfang März ist auch möglich, doch das spätere Vereinzeln ist recht arbeitsaufwändig; außerdem gehen dabei viele Jungpflanzen verloren. Kopfsalat muss genügend Platz und vor allem Licht haben, sonst speichert er zu viel Nitrat in Blättern und Strünken.

Mai

Anfang Mai werden 20 cm von den Rändern entfernt Bohnenstangen in die Erde gesteckt und anschließend fest angetreten. Für den Mischkulturenanbau hat es sich bewährt, die Stangen senkrecht in die Erde zu stecken. So kann das Licht gleichmäßiger die Ranken erreichen als bei der Methode, mehrere

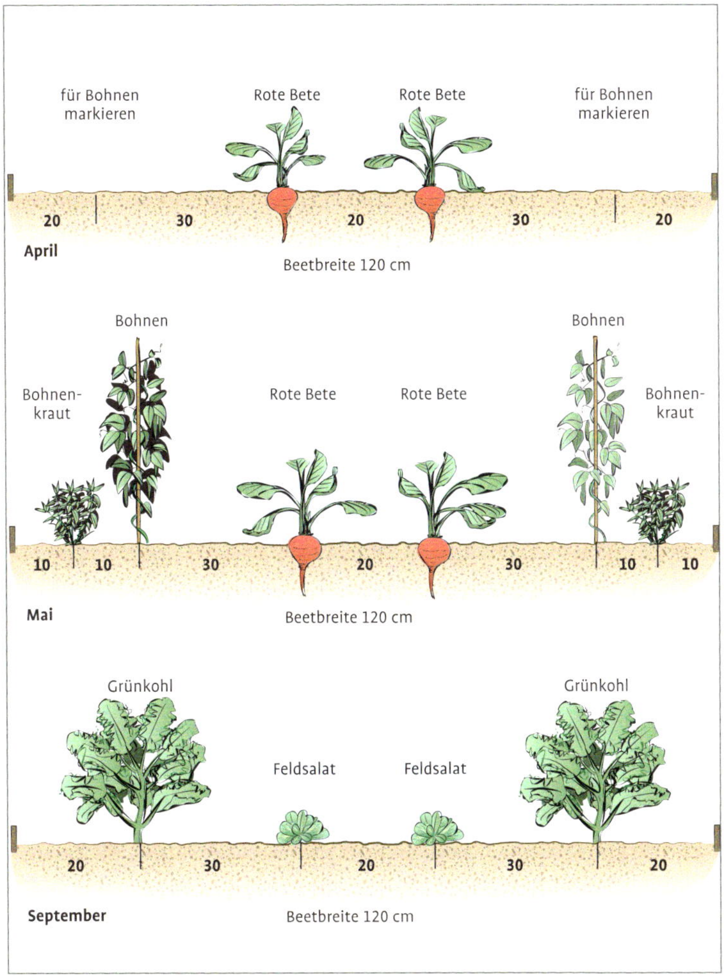

Bohnen – Rote Bete mit Nachkulturen: Querschnitt durch das Beet im April, Mai und September.

Stangen schräg gegeneinanderzustellen und den First zu befestigen. Bevor die einzelnen Stangen in die Erde kommen, bohren Sie mit einer Eisenstange die Löcher vor, in die die angespitzten Stangen dann hineingedreht werden. Der Abstand von Stange zu Stange beträgt 1 m. Stellen Sie die Stangen versetzt. Beginnen Sie auf der einen Seite 50 cm vom Rand entfernt und platzieren Sie sie auf der anderen Seite 1 m entfernt, damit die Stangen immer auf Lücke stehen. Um die Bohnenstangen herum wird im Umkreis von etwa 8 cm eine flache Rille gezogen, in die jeweils sechs bis acht **Bohnensamen** kommen, die Sie leicht mit Erde bedecken. Zwischen die einzelnen Stangen pflanzen Sie noch vorgezogene **Tagetes**.

Juni

Kohlrabi und Kopfsalat sind bereits geerntet. Nun wachsen langsam die Bohnen an den Stangen herauf und werfen viel Schatten. Deshalb bleibt der Zwischenraum zwischen den Stangenbohnen vorerst frei.

August

Erst im August werden auf der Beetmitte zwei Reihen **Feldsalat** im Abstand von 10 cm gesät. Sind dann bis Mitte September die Stangenbohnen abgeerntet und entfernt, können Sie von den Rändern her bis 10 cm an den Feldsalat heran noch breitwürfig **Senf** säen.

Nicht nur für Prinzessinnen: Erbsen

Erbsen – Mangold/Kohlrabi

Sie können ernten:
Palerbsen, Mangold, Kohlrabi, Grünkohl oder Chinakohl, Endivien

MÄRZ

Legen Sie im März jeweils 20 cm vom Rand entfernt eine Reihe frühe Erbsen. Palerbsen eignen sich besser für eine frühe Aussaat als Markerbsen. Der Abstand von Erbse zu Erbse beträgt 12 cm. Damit die Erbsentriebe später nicht auf dem Boden liegen, dient ein 50 cm hoher Maschendraht als Stütze. Die Mitte des Beetes bleibt frei.

Erbsen – Mangold/Kohlrabi mit Nachkulturen: Querschnitt durch das Beet im April, Juli und Oktober.

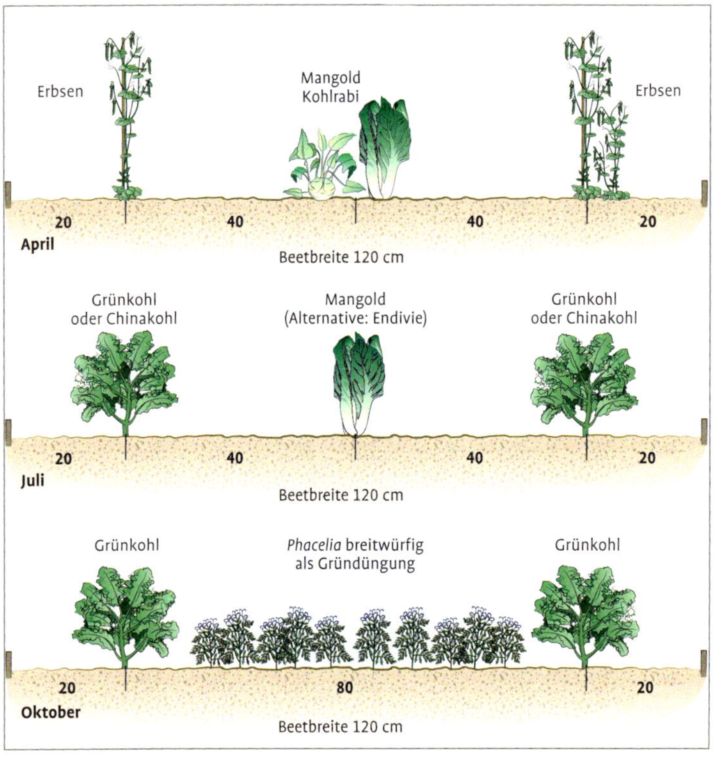

APRIL

Mitte April sind die Erbsen schon am Maschendraht hochgeklettert. Genau in der Mitte des Beetes pflanzen Sie nun abwechselnd Mangold und Kohlrabi im Abstand von 20 cm zueinander.

JULI

Nach der Erbsenernte und dem Abbau des Zauns Anfang Juli wird in die beiden Außenreihen Grünkohl oder Chinakohl gepflanzt. Setzen Sie sie mit 35 cm Abstand in der Reihe. Wenn auch der Kohlrabi geerntet ist, gibt es zwei Möglichkeiten, das Beet weiter zu bestellen: Räumen Sie entweder auch den Mangold nach einem letzten Schnitt vom Beet ab und pflanzen in die Mittelreihe Endivien im Abstand von 30 cm in der Reihe. Oder lassen Sie den Mangold bis Oktober stehen und säen danach zwischen den Grünkohlpflanzen Phacelia ein. Der Grünkohl bleibt über den Winter auf dem Beet, der Endiviensalat verträgt leichte Fröste und kann bis in den November hinein bleiben. Muss er abgeräumt werden, ist es für eine Nachkultur zu spät. Decken Sie das Beet zwischen den Grünkohlpflanzen mit angerottetem Kompost ab.

Erbsen – Frühmöhren

Sie können ernten:
Erbsen, Möhren, Radieschen, Rotkohl, Schwarzer Rettich

MÄRZ

Bestellen Sie das Beet in der ersten Märzhälfte mit einer Reihe Erbsen in der Beetmitte und zwei Reihen frühen

Möhren, jeweils 20 cm von den Rändern entfernt. Bei dieser Kombination sind die Möhren nicht durch Mischkulturpartner vor der Möhrenfliege geschützt. Streuen Sie deshalb etwas getrockneten Rainfarn (*Tanacetum vulgare*) an die Pflanzen, sobald sie etwa handhoch sind. Zwischen die Möhren können Sie Radieschen als Markiersaat einstreuen. Bis die Möhren Platz für die Entwicklung der Rüben benötigen, sind die Radieschen geerntet. Für die Erbsen wird wie auf Seite 52 beschrieben ein Maschendraht gespannt.

Juni

Nach der Erbsenernte im Juni können Sie in dieselbe Reihe im Abstand von 40 cm Rotkohl pflanzen. Inzwischen sind die Möhren auch schon herangewachsen, die Radieschen sind geerntet.

September

Sind dann auch die Möhren geerntet, säen Sie an deren Platz je eine Reihe runden Schwarzen Winterrettich. Sobald die Saat aufgegangen und die Reihen gut sichtbar sind, sollten Sie auf 15 bis 20 cm Abstand in der Reihe vereinzeln. Die Rettiche werden mit getrocknetem Rainfarn vor der Rettichfliege geschützt. Streuen sie ihn über die jungen Pflanzen.

Oktober/November

Räumen Sie das Beet nun ab. Die gelockerte Erde können Sie mit Stroh oder angerottetem Kompost bedecken.

Erbsen/Dicke Bohnen – Kohlrabi/Salat

Sie können ernten:
Erbsen, Dicke Bohnen, Kopfsalat, Kohlrabi, Möhren, Dill, Eissalat, Spinat

März

Da Erbsen und Dicke Bohnen ausgezeichnete Nachbarn sind, können Sie beide Hülsenfrüchte innerhalb der Reihe abwechseln. Säen Sie beide im Abstand von 15 cm Anfang März in die Mitte des Beetes. Legen Sie dazu alle 30 cm drei bis vier Samen Bohnen und dazwischen drei bis fünf Samen Erbsen, sodass der Abstand zum nächsten Horst etwa 15 cm beträgt. Meist ist bei dieser Kombination kein Maschendraht nötig. Die Bohnen dienen den Erbsen als Stütze.

Erbsen/Dicke Bohnen – Kohlrabi/Salat mit Nachkulturen: Querschnitt durch das Beet im April, Juni/Juli/August und Oktober.

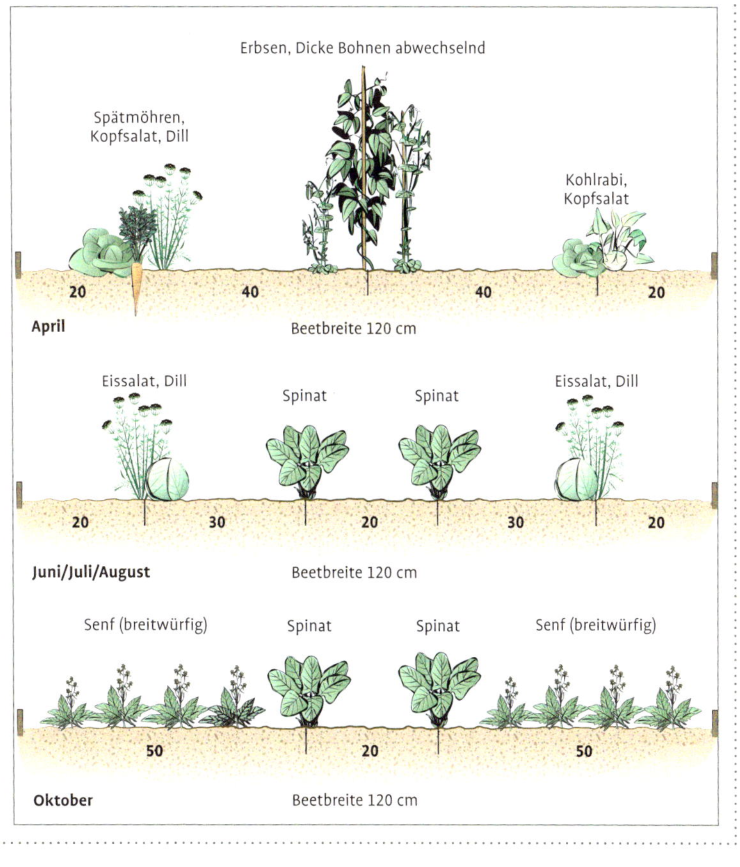

Junge Spinatblätter kann man roh als Salat essen.

April

Nun setzen Sie auf der einen Seite, 20 cm vom Rand entfernt, abwechselnd **Kopfsalat** und **Kohlrabi**, im Abstand von 30 cm zueinander. Auf der anderen Seite säen Sie, ebenfalls 20 cm vom Rand entfernt, **Spätmöhren** mit Salat gemischt. Das Mischungsverhältnis soll vier Teile Möhrensamen und ein Teil Salatsamen betragen. Fügen Sie der Mischung einige **Dillsamen** bei, wird die Keimung der Möhren begünstigt.

Mai

Den Salat können Sie ab Ende Mai ernten. Er räumt seinen Platz also, bevor die Spätmöhren einen größeren Raumbedarf anmelden. Erbsen und Dicken Bohnen werden von der Blütezeit an ebenfalls durch die Möhren gefördert. Sie selbst schonen den Stickstoffvorrat des Bodens. Durch die Arbeit der Knöllchenbakterien an ihren Wurzeln können sie ihn sogar noch vergrößern.

Juni/Juli/August

Ende Juni, nach der Ernte von Erbsen, Dicken Bohnen, Salat und Kohlrabi, müssen Sie das Beet neu bestellen. Jeweils 20 cm von den Rändern entfernt kommt eine Reihe **Eissalat** mit 30 cm Pflanzenabstand. Dazwischen säen Sie etwas Dill, der für die Salatpflanzen ein guter Partner ist. Natürlich können Sie ihn auch in der Küche verwenden. In die Mitte des Beetes säen Sie Anfang August zwei Reihen **Herbstspinat**, der noch im September/Oktober geschnitten werden kann. Die Pflanzen können mit einer leichten Abdeckung den Winter über auf dem Beet bleiben.

September/Oktober

Die Eissalaternte beginnt ab Mitte September. Ende Oktober, wenn er ganz abgeräumt ist, wird rechts und links vom Spinat breitwürfig **Senf** als Gründüngung ausgesät. Senf friert bei einigen Frostgraden ab, schützt aber im abgefrorenen Zustand den Boden. Werden im Frühjahr die Reste abgerecht, hinterlässt er ein lockeres Erdreich.

Erbsen – Spinat – Radieschen: Querschnitt durch das Beet im März.

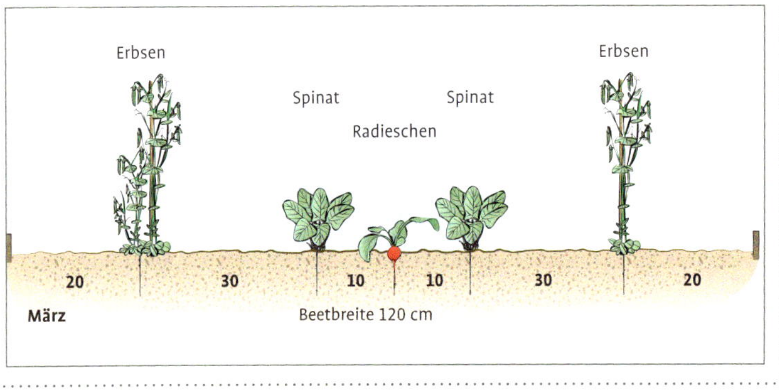

Erbsen – Spinat/Radieschen

Sie können ernten:
Palerbsen, Spinat, Radieschen, Grünkohl, Endivie

März

Im März legen Sie jeweils 20 cm von den Rändern entfernt zwei Reihen frühe **Erbsen** (Palerbsen) wie bereits beschrieben. Jeweils 30 cm von den Erbsenreihen entfernt wird eine Reihe **Spinat** ausgesät und zwischen die beiden Reihen kommt noch eine Reihe **Radieschen**. Radieschen bleiben nicht nur zwischen Salat vor Erdflöhen geschützt, sondern auch zwischen Spinat. Wenn Spinat und Radieschen geerntet sind, bleibt die Mitte zwischen den Erbsenreihen frei als Trittweg zum Erbsenpflücken. Sind auch die Erbsen geerntet und abgeräumt, können Sie wie auf Seite 52 beschrieben noch **Grünkohl** und **Endivien** pflanzen.

Kurvenreich: Gurken

Gurken – Steckzwiebeln – Salat/Kohlrabi

Sie können ernten: Zwiebeln, Kohlrabi, Salat, Gurken, Basilikum, Feldsalat

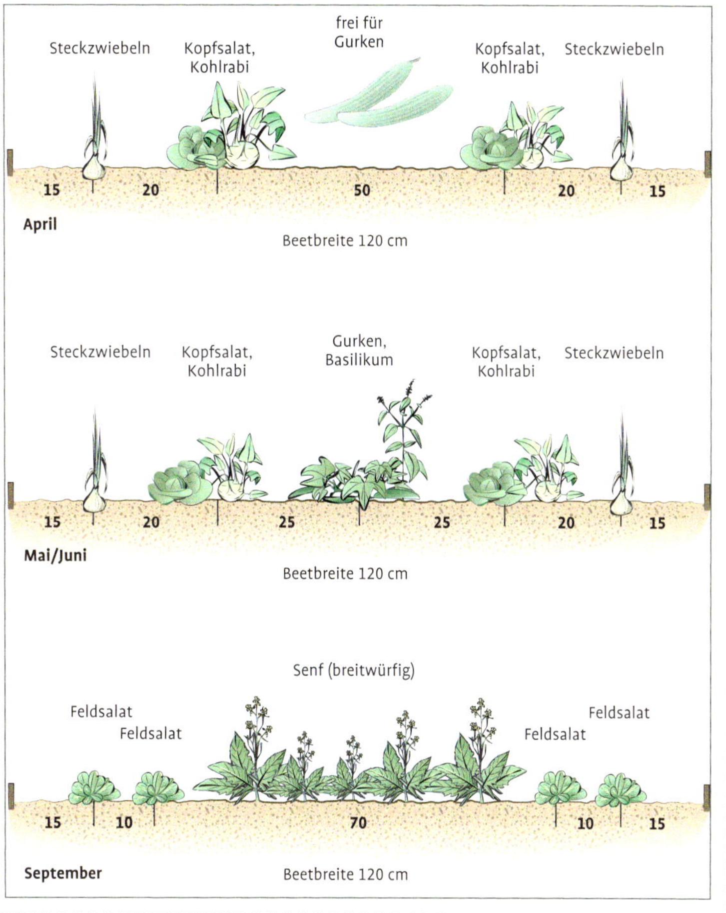

Gurken – Steckzwiebeln – Salat/Kohlrabi mit Vor- und Nachkulturen: Querschnitt durch das Beet im April, Mai/Juni und September.

April

Anfang April setzen Sie jeweils 15 cm von den Rändern entfernt eine Reihe **Steckzwiebeln**. Der Zwischenraum in der Reihe beträgt ebenfalls 15 cm. Bis Mitte April folgt dann – jeweils 20 cm von den Zwiebeln entfernt – eine Reihe **Kohlrabi** abwechselnd mit **Kopfsalat**. Weil der Reihenabstand verhältnismäßig gering ist, setzen Sie die Pflanzen in der Reihe 35 cm auseinander. Legen Sie in der Mitte des Beetes einen Wall aus Mistkompost an. Wenn Sie die Gurkenpflanzen in kleinen Erdtöpfen vorziehen, dann blühen und fruchten sie schneller. Wer sich die Mühe des Vorziehens sparen will, kann auch gleich in den Wall aus Mistkompost säen.

Mai

Legen Sie zwischen dem 10. und 15. Mai alle 40 cm zwei bis drei Körner **Gurkensaat** aus, damit an jeder Stelle auf jeden Fall eine Pflanze aufgeht. Später lassen Sie dann nur die am besten entwickelte Pflanze stehen. In der ersten Zeit wächst die Gurke sehr langsam. Deshalb müssen Sie öfter hacken und den Boden unkrautfrei halten. Nach den Maifrösten können Sie vorgezogenes **Basilikum** rechts und links neben die Gurken setzen, etwa 10 cm von der Gurkenreihe entfernt. Dabei ist ein Abstand von 60 bis 80 cm in der Reihe sinnvoll.
Haben Sie genügend Basilikumpflanzen, setzen Sie das Kraut zusätzlich zwischen die Gurkensetzlinge, also auch jeweils alle 40 cm. So können die Gurken später um das Kraut herumranken und werden vor Mehltau geschützt.

Juni/August

Ende Juni sind Kohlrabi und Kopfsalat abgeerntet. Die Gurkenranken können sich zwischen den beiden Zwiebelreihen ausbreiten.
Wenn Ende August bis Anfang September Gurken und Zwiebeln geerntet sind, können Sie an den Rändern je zwei Reihen **Feldsalat** säen, dazwischen kommt breitwürfig **Senf** als Gründüngung, damit das Beet im Winter geschützt ist.

Steckzwiebeln sind früher reif als ausgesäte Zwiebeln.

Gurken – Stangenbohnen

Sie können ernten:
Spinat, Stangenbohnen, Gurken, Basilikum, Kohlrabi, Radieschen

Stangenbohnen bieten anderen Pflanzen im Garten Windschutz. Dort gedeihen Gurken sehr gut, da sie warme, wassergesättigte Luft bevorzugen. Ideal wäre, wenn zwei Bohnenreihen 2 m auseinander stehen könnten, damit die Gurken genügend Platz und Licht haben. Doch diese Kombination geht auch auf einem Beet von 1,20 m Breite.

Gurken – Stangenbohnen mit Vor- und Nachkulturen: Querschnitt durch das Beet im März, Mai und August.

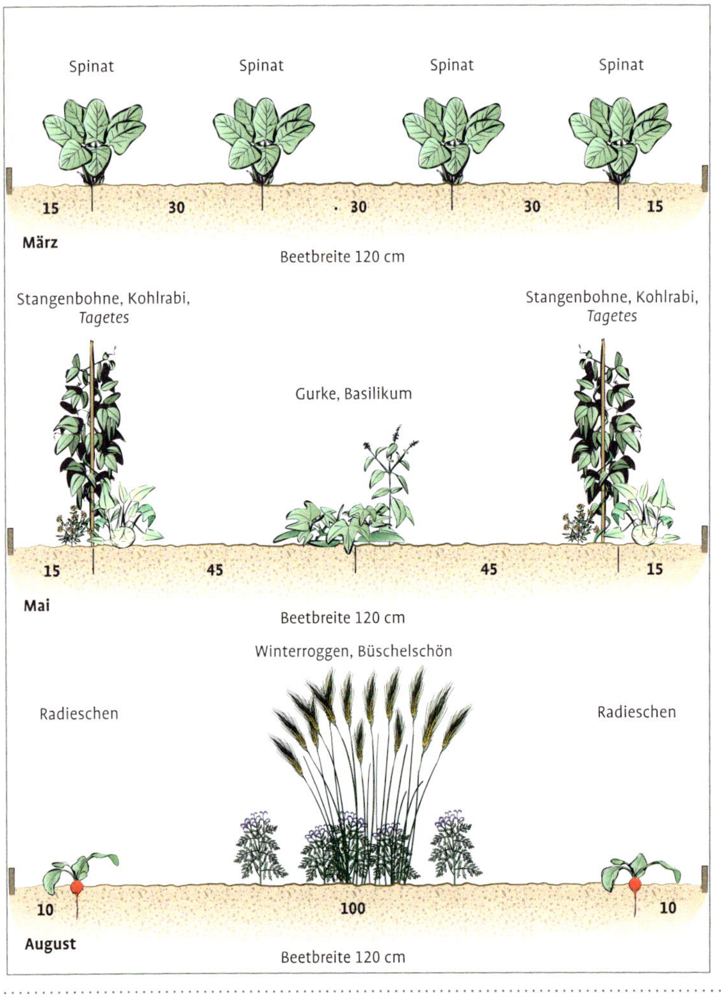

März

Säen Sie in das Beet im März zunächst vier Reihen **Spinat** im Abstand von 30 cm ein. Die Randreihen sind 15 cm

Mai

Ist Anfang Mai der Spinat abgeerntet, werden jeweils 15 cm vom Rand entfernt Bohnenstangen gesteckt, im Abstand von je 1 m in der Reihe. Dabei versetzen Sie die Stangen zueinander: Beginnen Sie auf der einen Seite 50 cm vom Querrand entfernt, auf der anderen Seite nach 1 m, stehen die Stangen immer auf Lücke. In der Mitte des Beetes legen Sie einen Wall aus Kompost an, auf den die **Gurken** gepflanzt oder gesät werden. **Basilikum** erhalten die Gurken wieder als Schutz. Das Kraut nimmt kaum Platz ein, die Gurken ranken darum herum. Um die Bohnenstangen wird im Umkreis von etwa 8 cm eine flache Rille gezogen, in die Sie jeweils sechs bis acht **Bohnen** legen, die leicht mit Erde bedeckt werden. Zwischen die einzelnen Stangen pflanzen Sie abwechselnd **Kohlrabi** und **Tagetes**.

Juli/August

Im Juli können Sie nach und nach die Kohlrabi ernten. Im Schutz der Stangenbohnen bleiben sie zart und platzen nach starkem Regen nicht so leicht, da die Bohnenwurzeln das überschüssige Regenwasser schnell aufnehmen. Die Ernte von Gurken und Bohnen beginnt ewa zeitgleich. Beide Kulturen müssen Sie alle zwei bis drei Tage durchpflücken. Sind die Beete abgeräumt, können Sie als Nachkultur und Gründüngung **Winterroggen** und **Phacelia** breitwürfig aussäen. Jeweils 10 cm von den Rändern entfernt lassen sich **Herbstradieschen** ziehen, die bis zum Winter schöne Knollen bilden.

Basilikum schützt Gurkenpflanzen und Zucchini vor Mehltau.

Die Gartenmelde gehört zur gleichen Pflanzenfamilie wie Spinat und wird in der Küche genauso verwendet.

Gurken – Salat – Erbsen

Sie können ernten:
Erbsen, Kopfsalat, Gurken, Basilikum, Dill, Endivie, Gartenmelde

Auch im Schutz der Erbsen gedeihen Gurken sehr gut. Dabei gehen Sie folgendermaßen vor:

April

Legen Sie im April jeweils 15 cm von den Beeträndern entfernt eine Reihe **Erbsen**. Ein 50 cm hoher Maschendraht, an den Reihen entlang gespannt, dient dabei als Stützvorrichtung. 25 cm von den Erbsen entfernt pflanzen Sie frühen **Kopfsalat** mit Zwischenräumen von 25 cm zueinander. Er kann den Platz zwischen den **Gurken** nutzen, solange diese noch klein sind. In der Mitte des Beetes wird wieder ein Wall aus Mistkompost für die Gurkenreihe angelegt.

Juni

Wenn die Gurken im Juni zu ranken beginnen, ist der Kopfsalat erntereif, vielleicht hat er den Platz auch schon geräumt. Selbstverständlich können Sie zwischen die Gurken noch **Basilikum** pflanzen und zwischen Kopfsalat und Erbsen **Dill** aussäen.

Juli

Die Erbsen werden zuerst abgeerntet sein und räumen das Beet. An ihre Stelle kommt nun **Endiviensalat** im Abstand von 40 cm. Setzen Sie ihn jedoch besser 20 cm von den Rändern entfernt. Möglicherweise ranken die Gurken in der Hauptwachstumszeit in die Zwischenräume des Endiviensalats hinein, was für beide Beetpartner von Vorteil ist.

August

Im Juli und August ist Erntezeit für die Gurken. Nachdem sie das Beet geräumt haben, können Sie zwischen die Endivien noch zwei Reihen **Gartenmelde** säen. Die mit dem Spinat verwandte Gartenmelde dient sowohl als Gründüngung als auch als Nahrungspflanze. Bis Ende Oktober liefert sie noch einige Mahlzeiten, dann können die Reste als Gründüngung und Bodenbedeckung über Winter auf dem Beet bleiben.

AUS DEM NOTIZBUCH VON
Sr. Christa

GURKEN TIEFER EINPFLANZEN

Gurkensetzlinge werden so tief gepflanzt, dass die Keimblätter mit dem Boden abschließen.

Gurken – Salat – Erbsen mit Nachkulturen: Querschnitt durch das Beet im April, Juli und August.

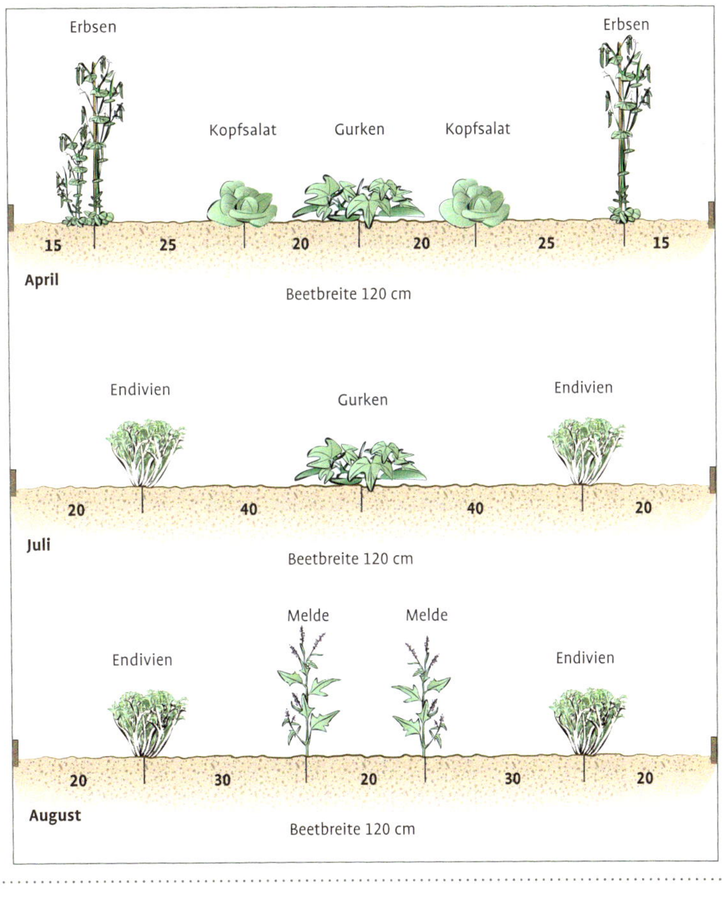

Spalier bauen

Da der Bau eines Spaliers arbeitsaufwändig ist, kann es an derselben Stelle stehen bleiben. Lassen Sie es im jährlichen Wechsel mit Bohnen, Erbsen, Gurken und kletternden Sommerblumen beranken. Für den Bau benötigen Sie drei starke Stäbe von je 2–2,50 m Länge. Rammen Sie diese mindestens 50 cm tief in den Boden. Mit Maschendraht, den Sie an den Stäben befestigen, werden diese zu einem Zaun verbunden. Als Ort für ein solches Spalier ist ein Randbeet geeignet, das an eine Hauswand angrenzt, doch sollte die Konstruktion 50 cm von der Hauswand, also vom Beetrand, entfernt sein. Befindet sich zwischen Beet und Hauswand noch ein Weg, so kann sie am Beetrand angebracht werden.

Gurken am Spalier – Kopfsalat/ Kohlrabi

Sie können ernten:
Gurken, Basilikum, Kopfsalat, Kohlrabi, Mangold

Nicht nur im Gewächshaus, sondern auch im Freien können Sie Gurken am Spalier ziehen. Durch die Ausnutzung der Höhe haben Sie mehr Platz, andere Pflanzen als Mischkulturenpartner auf dem Beet unterzubringen.

Februar/März

Bis im Mai die Gurken ins Freiland gepflanzt werden, wird das Beet mit **Ackerbohnen** eingesät, die den Boden für die nachfolgende Gurkenkultur vorbereiten.

Mai

Im Mai lockern Sie auf der sonnig gelegenen Seite des Drahtes die Erde, formen einen Wall aus Erde und Mistkompost und betten da hinein die vorgezogenen **Gurkensetzlinge**. Zwischen die einzelnen Pflanzen, die 40 cm auseinander stehen, säen oder pflanzen Sie **Basilikum**. Etwa 30 cm von der Gurkenreihe entfernt wird **Kopfsalat** im Wechsel mit **Kohlrabi** gepflanzt, davor kommt noch eine Reihe **Mangold**. Der Platz zwischen Hauswand und Gurkenspalier bleibt frei bzw. wird mit Rasenschnitt und anderen organischen Gartenabfällen (keine Küchenabfälle) abgedeckt.

Juni

Jetzt können Sie den Kopfsalat ernten. Der Mangold kann bis in den August hinein geschnitten werden.

September

Nun sind auch die Gurken geerntet. Ins Beet kommt jetzt **Senf** als Gründüngung.

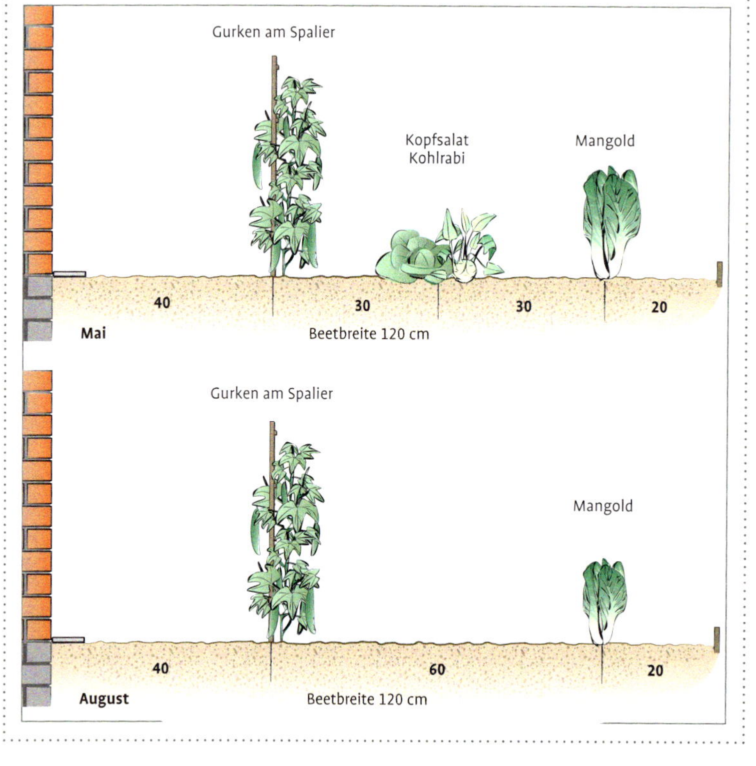

Gurke am Spalier samt Vorkulturen: Querschnitt durch das Beet im Mai und August.

Kopfarbeit: Kohlarten

Früher Blumenkohl – Sellerie im Reihenwechsel

Sie können ernten:
Spinat, Kopfsalat, Blumenkohl, Sellerie, Knollenfenchel

Diese Variante ist geeignet, wenn Sie mehr Blumenkohl als Sellerie ernten möchten. Hier wird nur die mittlere Reihe des Beetes für das Knollengemüse reserviert.

März

Im März säen Sie in der Mitte des Beetes zunächst zwei Reihen **Spinat** im Abstand von 20 cm aus, jeweils 50 cm vom Rand entfernt. Außerdem pflanzen Sie jeweils 15 cm vom Rand entfernt vorgezogenen frühen **Kopfsalat** im Abstand von 60 cm in der Reihe.

April

Im April setzen Sie dann zwischen diese Abstände die **Blumenkohlpflanzen**. Sie wachsen zuerst noch recht langsam. Der schnell wachsende Kopfsalat bedeckt den Boden, solange der Blumenkohl noch klein ist. Außerdem schützen die Salatpflanzen die Kohlköpfe vor einem Erdflohbefall.

Mai

Genau zwischen den im März gesäten Spinat setzen Sie jetzt die **Selleriepflänzchen**. Der Spinat gibt den jungen Pflanzen noch Schatten und bedeckt den Boden; sobald er zu schießen beginnt, hacken Sie ihn aus und lassen die Pflanzen zwischen den Reihen liegen. Bis der Blumenkohl sich ausbreitet, sind auch die Salatköpfe geerntet, die Kohlpflanzen stehen nun in Abständen von 60 cm auseinander.

Juni/Juli

Nach der Ernte des Blumenkohls Ende Juni/Anfang Juli, setzen Sie **Knollenfenchel** im Abstand von 40 cm zueinander auf die Fläche. Vorher säubern Sie die Reihen von Unkraut und versorgen das Beet noch einmal mit Kompost. Der Sellerie steht bis zum Herbst auf dem Land. Nach der Ernte von Fenchel und Sellerie ist meist nur noch eine Einsaat von **Senf** möglich, für andere Gründüngungspflanzen ist es zu spät.

Blumenkohl soll tief stehen, Sellerie dagegen flach, sodass der obere Teil der Knolle aus dem Boden herausschaut. Wenn der Blumenkohl angehäufelt wird, nehmen Sie daher die Erde aus der unmittelbaren Umgebung des Selleries, damit auch nach Regenfällen die Knollen nicht wieder zugeschwemmt werden.

Beginnt der Spinat Blütenstiele zu bilden, kann man ihn noch zum Mulchen verwenden.

Früher Blumenkohl – Sellerie mit Vor- und Nachkulturen: Querschnitt durch das Beet im Mai und Juni.

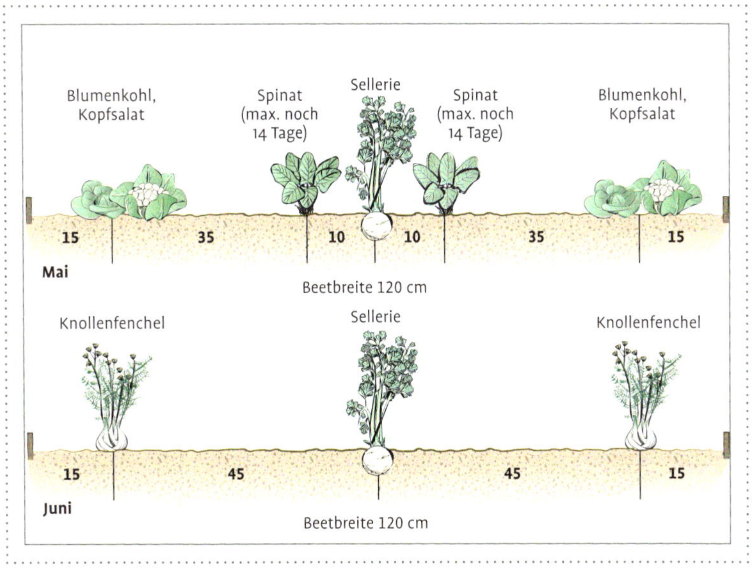

Zu viel Blumenkohl?

Dann ersetzen Sie ihn durch einen mittelfrühen Kopfkohl (Weißkohl, Rotkohl oder Wirsing). Erfahrungsgemäß kommen Weißkohl und Rotkohl auch recht gut ohne den Schutz des Selleries aus, doch der empfindlichere Wirsing ist recht dankbar für seine Nachbarschaft.

AUS DEM NOTIZBUCH VON
Sr. Christa

Mit der Kraft der Brennnessel

Kohl und auch Sellerie sind im Laufe ihres Wachstums für gelegentliche Güsse mit verdünnter Brennnessel-Jauche dankbar.

Blumenkohl – Sellerie innerhalb der Reihe wechselnd

Sie können ernten: Spinat, Blumenkohl, Sellerie, Endivie oder Zuckerhut

Bei dieser Variante stehen die Hauptkulturen in der gleichen Reihe. Sie ist zwar etwas arbeitsaufwändiger, aber für kleine Gärten durchaus praktikabel.

März

Im März säen Sie zunächst fünf Reihen **Spinat** im Abstand von nur je 20 cm. Der Spinat ist hier die Vorkultur für den später zu pflanzenden Blumenkohl und Sellerie.

April/Mai

Ende April bis Anfang Mai müssen Sie die erste, dritte und fünfte Spinatreihe aushacken. Die Pflanzen bleiben liegen und werden etwas zur Seite gezogen. In diese Reihen pflanzen Sie nun **Blumenkohl** im Abstand von jeweils 1 m in der Reihe. Zwei Wochen später, in der zweiten Maihälfte, kommt in die Zwischenräume **Knollensellerie**, sodass sich in beiden Reihen alle 50 cm Blumenkohl mit Sellerie abwechselt. Der Abstand von Reihe zu Reihe beträgt 40 cm, da Sie in jede zweite Spinatreihe gepflanzt haben.

Ende Mai werden die beiden noch stehenden Spinatreihen ausgehackt und bleiben als Bodenbedeckung zwischen den Kohlpflanzen liegen.
Sobald Blumenkohl oder Kopfkohl abgeerntet sind, können Sie an deren Stelle zwischen den Sellerie **Endivie** oder **Zuckerhut** setzen. Anschließend säen Sie in das Beet wie auf Seite 54 beschrieben für den Winter **Senf** ein.

Frühkartoffeln – Dauerkohl

Sie können ernten: Kartoffeln, Kohl, Endivie oder Zuckerhut oder Knollenfenchel, Grünkohl oder Chinakohl

April/Mai

Frühkartoffeln sollten Anfang April gelegt werden. Legen Sie zwei Reihen jeweils 20 cm vom Rand entfernt und mit einem Zwischenraum von 80 cm. Die Abstände von Pflanze zu Pflanze betragen 40 bis 45 cm. Anfang Mai werden auf die Beetmitte, also jeweils 40 cm von den Kartoffeln entfernt, **Dauerkohlpflanzen** im Abstand von 50 cm zueinander gesetzt.

Juni

Wenn im Juni die Frühkartoffeln geerntet sind, hinterlassen sie ein lockeres, gut vorbereitetes Beet für eine Nachkultur. Geeignet dafür ist Endivie, Zuckerhut (spitz zulaufende Endivienart) oder Knollenfenchel. Im kleinen Garten können Sie auf eine Seite des Dauerkohls **Endiviensalat** oder **Zuckerhut** im Abstand von 40 cm in der Reihe, auf die andere Seite **Knollenfenchel** mit Zwischenräumen von 30 cm pflanzen. Ist Ihr Garten gut mit Kompost versorgt und hat mit der gefürchteten Krankheit Kohlhernie noch keine Bekanntschaft gemacht hat, können Sie sogar **Grünkohl** oder **Chinakohl** neben den Dauerkohl setzen; beide mit Abständen von 35 cm innerhalb der Reihen.

Oktober/November

Während der Dauerkohl noch bis November geerntet wird, bleibt der Grünkohl bis zum jeweiligen Gebrauch auf dem Beet stehen. Die freien Flächen können Sie mit angerottetem Kompost bedecken.

Chinakohl – Feldsalat

Sie können ernten:
Palerbsen, Spinat, Radieschen, Chinakohl, Feldsalat

März

Im März legen Sie jeweils 20 cm von den Rändern entfernt frühe **Erbsen** (Palerbsen) wie auf Seite 52 beschrieben. 30 cm von den Erbsenreihen entfernt säen Sie eine Reihe **Spinat** aus. Zwischen den beiden Reihen kann noch eine Reihe **Radieschen** aufwachsen. Wenn Spinat und Radieschen geerntet sind, bleibt der Platz als Trittweg zum Erbsenpflücken frei. Sind auch die Erbsen geerntet und abgeräumt, können Sie das Beet säubern, mit Kompost versorgen und mit drei Reihen **Chinakohl** bepflanzen. Die äußeren Reihen werden 20 cm vom Rand entfernt angelegt. Der Abstand zur nächsten Chinakohlreihe beträgt je 40 cm, innerhalb der Reihe 35 cm von Pflanze zu Pflanze.

August

An die Ränder und dazwischen wird Ende August breitwürfig **Feldsalat** gesät, der zwischen den Kohlpflanzen den Boden bedeckt und beschattet. Außerdem regeneriert er als Gründüngungspflanze den Boden, sofern Sie nicht alles verwerten. Natürlich können Sie den Feldsalat auc in Reihen mit Abständen von 10 bis 12 cm säen. Dadurch wird das Schneiden erleichtert. Der Abstand zum Chinakohl müsste dann allerdings 30 cm betragen.

Oktober/November

Wenn der Chinakohl geerntet wird, bleibt der Feldsalat auf dem Land und schützt über Winter den Boden. An milden Tagen wächst er weiter und je nach Witterung können Sie mitten im Winter frischen Feldsalat schneiden.

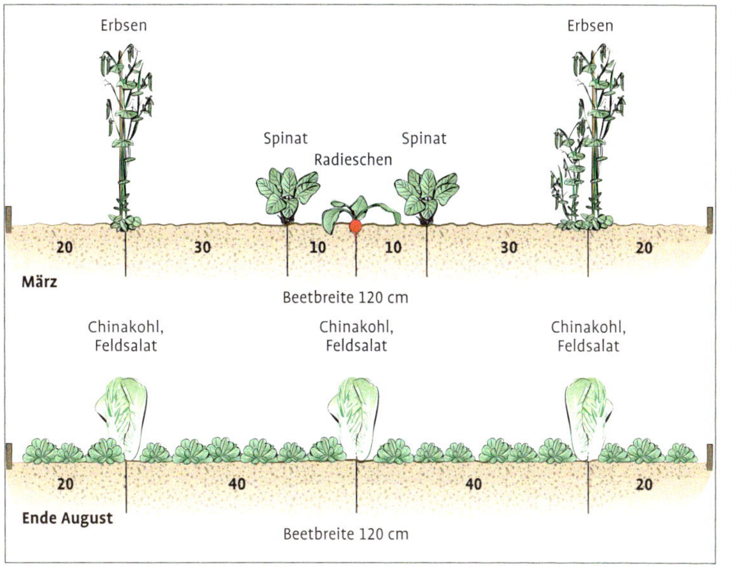

Chinakohl – Feldsalat mit Vorkulturen: Querschnitt durch das Beet im März und August.

Dauerkohl/Sellerie – Sonnenblumen

Sie können ernten:
Kopfsalat, Radieschen, Kohl, Sellerie, Sonnenblumen

März

Sobald es die Witterung erlaubt, setzen Sie in die Mitte des Beetes zwei Reihen **Kopfsalatpflanzen**, jeweils 45 cm vom Rand entfernt. Die Abstände betragen 30 cm von Pflanze zu Pflanze. Zwischen die beiden Salatreihen können Sie noch eine Reihe **Radieschen** säen.

April

Ende April pflanzen Sie je 25 cm von den Rändern entfernt zwei Reihen **Dauerkohl** (eine Reihe **Rotkohl** und eine Reihe **Weißkohl**). Der Zwischenraum ist noch mit Salat und Radieschen ausgefüllt, die schon Lücken aufweisen und weiter geerntet werden. In der Reihe beträgt der Abstand der Kohlpflanzen 1 m, damit Sie Anfang Mai je eine **Selleriepflanze** dazwischen setzen können.

In guter Gesellschaft

Ein Beet mit Kohlgemüse und Sonnenblumen ist ab August ein wahrer Blickfang. Außerdem gedeihen die Kohlpflanzen in der Sonnenblumengesellschaft ausgesprochen gut. Wer die Samen der Sonnenblumen selbst ernten will, muss die reifenden Blütenkörbe mit Vogelnetzen schützen.

Mai

Mitte Mai sind die Radieschen geerntet, beim Kopfsalat hat die Ernte begonnen. In die Radieschenreihe pflanzen Sie nach dem nochmaligen Einarbeiten von reifem Kompost nun vorgezogene **Sonnenblumen** im Abstand von 60 cm in der Reihe. Verwenden Sie dafür eine Sorte, die sich nur wenig verzweigt, damit die Kohlpflanzen später nicht in Bedrängnis kommen. Nach dem Abräumen des Beetes im späten Herbst erhält das Beet eine Bodenbedeckung aus teilverrottetem Kompost als Winterschutz.

Dauerkohl/Sellerie – Sonnenblumen mit Vorkulturen: Querschnitt durch das Beet im März und Mai.

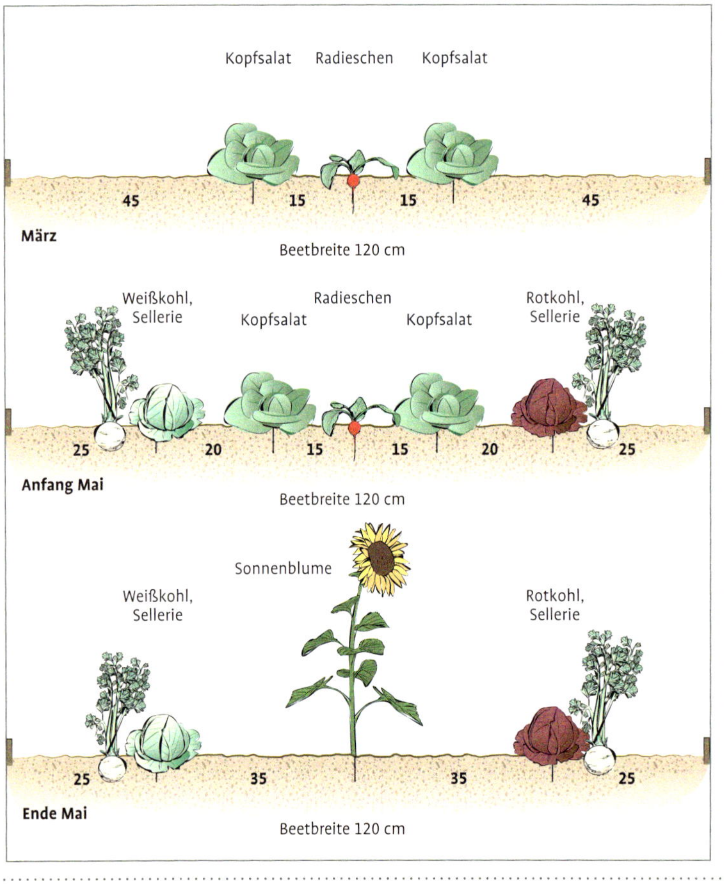

Kohl mit wechselnden Partnern

Sie können ernten: Erbsen, Kohlrabi, Kopfsalat, Blumenkohl, Buschbohnen, Rosenkohl, Grünkohl, Feldsalat

März/April

Säen Sie möglichst früh in die Mitte eines Beetes niedrig wachsende frühe **Erbsen**. Jeweils 15 cm von den Beeträndern entfernt pflanzen Sie **Kohlrabi** im Wechsel mit **Kopfsalat**, jeweils im Abstand von 25 cm in der Reihe.
Im April pflanzen Sie rechts und links neben die Erbsen, jeweils 35 cm von ihnen entfernt, **Blumenkohlpflänzchen** mit 50 cm Zwischenraum. Solange sie klein sind, kommen sie mit dem geringen Abstand zu Salat und Kohlrabi aus.

Juni/Juli

Mitte Juni sind Kopfsalat und Kohlrabi geerntet. An ihre Stelle säen Sie **Buschbohnen**, entweder als gleichmäßige Reihe, indem alle 10 bis 12 cm ein Bohnenkorn ausgelegt wird, oder in Horsten. Dabei kommen im Abstand von 25 bis 30 cm in der Reihe fünf bis sechs Bohnensamen in den Boden. Bei erstgenannter Aussaatweise können größere Lücken entstehen, wenn einige der Samenkörner nicht aufgehen.
Im Juli, wenn die jungen Bohnenpflanzen mehr Licht brauchen, wird der Blumenkohl geerntet. Die Erbsen sind mittlerweile abgeerntet und können abgeräumt werden. An ihren Platz in der Beetmitte können Sie nun **Rosenkohl** im Wechsel mit **Grünkohl** im Abstand von 50 cm in der Reihe pflanzen.

August/September

Wenn die Bohnen abgeräumt sind, säen Sie an die Ränder je drei Reihen **Feldsalat** für die Winter- und Frühjahrsernte.

Knabber-Vitamine: Möhren

Frühmöhren – Lauch in Mischsaat

Sie können ernten:
Möhren, Lauch, Radieschen

März

Sobald es Witterung und Bodenverhältnisse erlauben, ziehen Sie auf dem Beet vier Saatreihen, in Abständen von jeweils 15 cm vom Rand entfernt und 30 cm von Reihe zu Reihe. Mischen Sie Frühmöhrensamen, am besten von Sorten mit kurzem Laub, mit Lauchsamen. Als Verhältnis haben sich drei Teile Möhrensamen auf zwei Teile Lauchsamen bewährt. Die Samen sollten gleichmäßig, aber nicht zu dicht liegen. Sowohl die Möhre als auch der Lauch haben eine recht langsame Anfangsentwicklung. In dieser Zeit können in den Zwischenräumen noch schnell wachsende Radieschen heranreifen.

Mai

Bis Mitte Mai haben die Radieschen den Platz geräumt. Die Frühmöhren beanspruchen das Beet bis Mitte Juli. Die Ernte der Möhren zwischen den Lauchpflanzen ist nicht ganz einfach und verlangt Fingerspitzengefühl, um den Lauch nicht unnötig zu lockern. Auf leichten Böden und wenn dazu der Boden feucht genug ist, lassen sich die Möhren jedoch leicht herausziehen, ohne den benachbarten Lauchpflanzen zu schaden.

Nach der Möhrenernte erst macht sich der größere Raumbedarf des Lauchs bemerkbar. Er nimmt das Beet jetzt komplett für sich in Anspruch. Noch können Sie ausgleichen, wo er zu dicht steht und in größeren Lücken die anderswo herausgenommenen Pflanzen unterbringen. Als Richtmaß gilt dabei ein Abstand von 10 bis 12 cm. Gleichzeitig bekommt der Lauch nun noch eine Düngung mit verdünnter Brennnessel-Jauche (siehe Seite 87) und wird angehäufelt, damit schöne, lange weiße Lauchstangen gebildet werden. Gegebenenfalls muss das Anhäufeln wiederholt werden.

Nach der Lauchernte ist es zu spät für eine weitere Einsaat auf diesem Beet. Es bekommt eine Abdeckung mit Kompost und eignet sich hervorragend für ein Beet, das im nächsten Jahr wieder Möhren tragen soll.

Lauchmotte vertreiben

Besonders in Gegenden, in denen die Lauchmotte stark verbreitet ist, lohnt sich der Aufwand des Samenmischens. Denn die gleichzeitig ausgesäten Möhren schützen weit besser vor einem Befall als der Anbau in Reihen (eine Reihe Möhren, eine Reihe Lauch etc.). Zusätzlich fördern Gase, die die Möhrenwurzeln abgeben, das Wachstum des Lauchs.

Stehen Möhren alleine im Beet, werden sie schneller von der Möhrenfliege befallen als in Mischkultur.

Zwiebeln: Säen oder stecken?

Auf schweren Böden und in nassen Sommern reifen Sähzwiebeln meist nicht optimal aus und faulen leicht während der Lagerung. Die Steckzwiebeln sind aber in der Regel auch bei ungünstiger Witterung im Laufe des Augusts ausgereift und lassen sich gut einlagern. Schon ab Mitte Juli können Sie einzelne Zwiebeln für den Sofortgebrauch laufend entnehmen.

Zwiebeln sind erntebereit, wenn das Laub abknickt und abstirbt.

Frühmöhren – Zwiebeln in Mischsaat

Sie können ernten:
Möhren, Lauch, Radieschen, Dill, Spinat, Gartenmelde

Genau wie der Lauch schützen auch Möhren und Zwiebeln sich gegenseitig vor Möhren- und Zwiebelfliege. Deshalb können Sie sie ebenso kombinieren und aussäen wie im Beispiel Frühmöhren – Lauch in Mischsaat auf Seite 65.

Mischen Sie dafür **Frühmöhrensamen**, am besten von Sorten mit kurzem Laub, mit **Zwiebelsamen** im Verhältnis 3:2 (drei Teile Möhrensamen und zwei Teile Zwiebelsamen). Geeignet dafür sind die Sorten 'Gonsenheimer Treib' und 'Pariser Markt'. Bewährt hat sich diese Art der Mischkultur vor allem im Rheinland und in Holland.

Während allerdings der Lauch nach der Möhrenernte noch bis zum Spätherbst oder gar zum Winter auf dem Land bleibt, verlassen die Zwiebeln meist bis Mitte September ihren Platz. Nach der Ernte ist noch genügend Zeit, **Melde** als Gründüngung auszusäen.

Möhren – Steckzwiebeln

Sie können ernten:
Zwiebeln, Salat, Radieschen, Möhren

Bei dieser Kombination sind die Möhren vor der Möhrenfliege geschützt. Allerdings können sie die Steckzwiebeln vor der Zwiebelfliege nicht mehr schützen. Dennoch hat diese Kombination ihre Vorzüge, denn es gelingt oft nicht, die zarten, wohlschmeckenden Möhren vor der Möhrenfliege zu schützen, da im Frühjahr sowohl Lauch als auch Zwiebeln noch zu klein sind. Auf diese Weise, inmitten der schon stattlich herangewachsenen Zwiebeln, sind die Möhren jedoch meistens madenfrei.

April

Sobald es die Witterung zulässt, bringen Sie jeweils eine Reihe **Steckzwiebeln** in 30 cm Entfernung vom Beetrand in den Boden. Vorher können Sie in die Reihen, die später für die Möhren bestimmt sind, **Schnittsalat** und **Radieschen** gemischt säen – jeweils eine Reihe 15 cm von den beiden Rändern entfernt und dann noch eine Reihe in je 30 cm Abstand zu den beiden Zwiebelreihen. Bis Mitte Juni, wenn die Möhren in die Erde kommen, sind Salat und Radieschen geerntet.

Juni

Nach Ernte des Salates und der Radieschen säen Sie in dieselbe Reihe Mitte Juni die **Möhren**. Wählen Sie am besten eine zarte, schnell wachsende Sorte für den Herbstgebrauch.

August

Sind die Zwiebeln im August herausgezogen, so können Sie an ihre Stelle noch je eine Reihe **Herbstradieschen** säen. Sie wachsen so schnell, dass sie Ende September gleichzeitig mit den Möhren geerntet werden können. Nachdem das Beet gesäubert und mit Kompost versorgt ist, erhält es für den Winter noch eine Senfeinsaat.

Unkraut, das man aus den Möhrenreihen herausgezogen hat, kann man zum Mulchen auf die Beete legen.

LAUCH PFLANZEN – SO GEHT'S

Kürzen Sie die Wurzeln der Lauchpflanzen mit einer Schere auf etwa 2 cm Länge. Nun ziehen Sie eine 20 cm tiefe Rille und legen die Lauchpflanzen schräg an eine Wand der Rille. Der Abstand zwischen den Pflanzen sollte 12 cm betragen. Zum Schließen der Rille drücken Sie die Erde gegen die Pflänzchen.

Frühmöhren – Lauch im Reihenwechsel

Sie können ernten:
Möhren, Dill, Radieschen, Spinat, Knollenfenchel, Eissalat

Auf schweren Böden lässt sich der Anbau in Mischsaat, wie im Beispiel auf Seite 65 beschrieben, wegen der erschwerten Ernte nicht leicht durchführen. Hier ist die Methode des Reihenwechsels eine gute Alternative.

MÄRZ

Im März säen Sie zuerst die **Möhren** aus. Mischen Sie dem Möhrensaatgut etwas **Dillsamen** als Auflaufhilfe bei und etwas **Radieschensamen** als Markiersaat. 20 cm vom Beetrand entfernt wird die erste Möhrenreihe angelegt, 60 cm davon entfernt die zweite. In die Saatrillen streuen Sie dünn etwas getrockneten und zerriebenen Rainfarn (*Tanacetum vulgare*) und Wurmfarn (*Dryopteris filix-mas*), um durch den Duft die Möhrenfliege noch zusätzlich abzuhalten. Sobald die Möhrenpflanzen handhoch sind, wird an den Reihen entlang nochmals das Gemisch von Wurm- und Rainfarn ausgestreut. Den Lauch können Sie ebenfalls jetzt aussäen: einmal 30 cm von der Möhren-Radieschen-Dillsaat entfernt und nochmals mit 20 cm vom anderen Beetrand ausgehend. Da die Radieschen nun zwischen die Möhren eingestreut sind, säen Sie zwischen die vorderen Möhren- und Lauchreihen **Spinat**.

APRIL

Als Variante dazu können Sie die Lauchreihen zunächst markieren, den Lauch vorziehen und Mitte April pflanzen. Je nachdem, wie früh Sie mit der Vorzucht beginnen konnten, haben Sie dann zur Pflanzzeit schon starke Setzlinge. Benötigen die Möhren mehr Raum, wird der Spinat ausgehackt und bleibt zwischen den Reihen als Bodenbedeckung liegen.

JULI

Jetzt ernten Sie die Möhren und häufeln die Lauchreihen nochmals an. Gegebenenfalls wird vereinzelt und gedüngt. Zwischen die nun 50 cm auseinanderstehenden Lauchreihen pflanzen Sie eine Reihe **Knollenfenchel** und an einem Rand, 30 cm vom Lauch entfernt, noch eine Reihe **Eissalat**. Nach der Ernte von Eissalat und Fenchel kann der Lauch, sofern es eine winterharte Sorte ist, bis zum Gebrauch stehen bleiben oder Sie ernten ihn und schlagen ihn am Beetrand ein. Die abgeräumten Teile des Beetes erhalten für den Winter eine Decke aus Stroh oder einem anderen organischen Material.

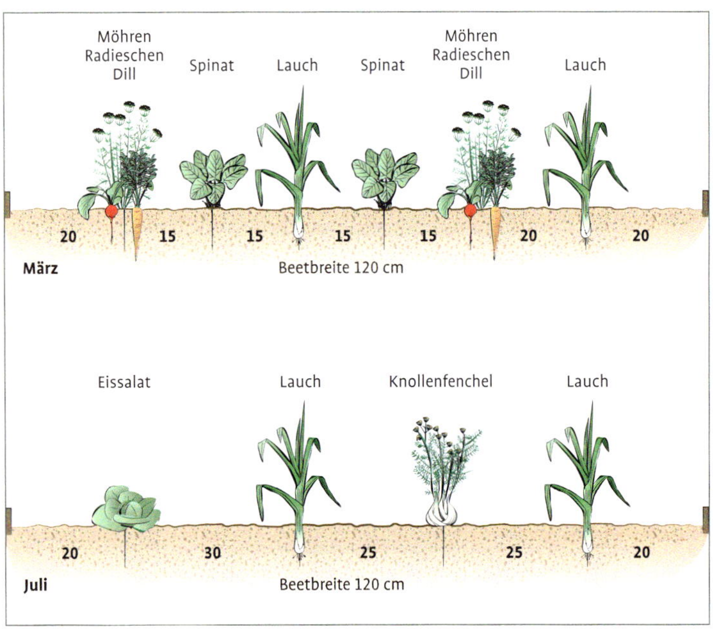

Frühmöhren – Lauch mit Nachkulturen: Querschnitt durch das Beet im März und Juli.

Spätmöhren – Lauch

Sie können ernten:
Salat, Radieschen, Kerbel, Lauch, Möhren

Eine Kombination, die vor allem für Gegenden, in denen die Lauchmotte nur gelegentlich auftritt, geeignet ist. Eine empfehlenswerte Möhrensorte ist 'Nantaise', die sowohl früh als auch spät (Anfang Juni) angebaut werden kann.

März/April

Um das Beet bis zur Hauptkultur zu nutzen, säen Sie im März bei abgetrocknetem Boden eine Reihe **Salat** 15 cm vom Rand entfernt ein. 60 cm von der ersten Salatreihe entfernt säen Sie eine zweite Salatreihe. Dazwischen kommen jeweils im 15-cm-Abstand eine Reihe **Radieschen**, eine Reihe **Kerbel** und wieder eine Reihe Radieschen. Neben der zweiten Salatreihe hat nur noch eine Reihe Radieschen und eine Reihe Kerbel Platz, ebenfalls 15 cm voneinander entfernt. Der Kerbel, der im Gegensatz zu anderen Kräutern kaum kälteempfindlich ist, wird schon nach zwei bis drei Wochen zu sehen sein. Nach sechs Wochen können Sie anfangen, ihn zu schneiden. Auch die Radieschen werden schnell wachsen und herausgezogen, bevor die Salatköpfe – sie sind inzwischen auf 30 cm in der Reihe vereinzelt – sich ausbreiten.

Mai

Pflanzen Sie den **Lauch** Ende Mai, auch wenn noch einige Salatköpfe auf dem Land stehen. Dazu ziehen Sie 25 cm vom Rand entfernt die erste und im Abstand von 50 cm die zweite Rille.

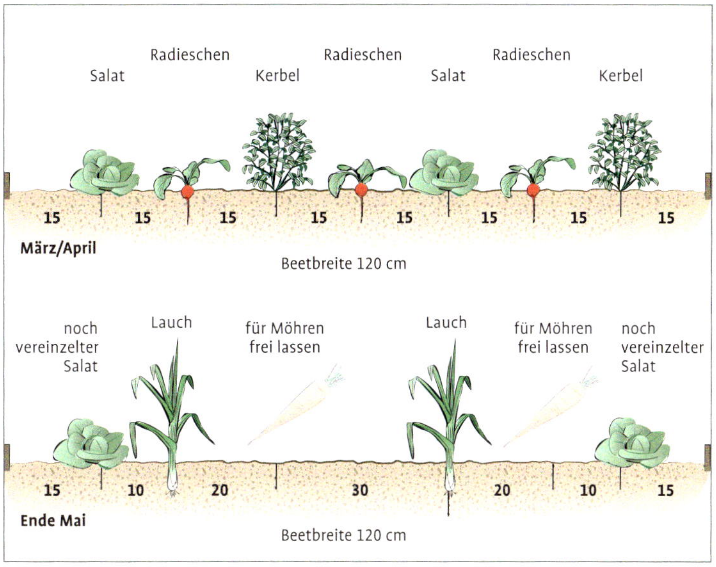

Spätmöhren – Lauch mit Vorkulturen: Querschnitt durch das Beet im März/April und Mai.

Juni

Anfang Juni säen Sie die **Möhren** in die für sie freigehaltenen Reihen. Bei dieser späten Aussaat kommen die jungen Pflanzen mit der Möhrenfliege nicht in Kontakt. Gegen die Lauchmotte schützen sie allerdings nicht mehr optimal. Die zur Flugzeit jungen Möhren sind gegenüber dem gepflanzten Lauch noch zu schwach, um die Schädlinge mit ihrem Duft abzuhalten. Wenn die Möhren im Herbst das Beet geräumt haben, wird es mit einer Mulchdecke winterfest gemacht.

Lauch, der zu lange auf dem Beet stehen bleibt, beginnt zu blühen.

Wer nur kleine Portionen Salat braucht, kann auch einzelne Blätter schneiden.

Blattmacher: Salate

Als schnell wachsende Gemüsepflanzen lassen sich Salate gut als Vor-, Nach- und Zwischenkultur in verschiedene Kombinationen einschieben, wie es in einigen Beispielen schon gezeigt wurde. Ungünstig wirken sich die Nachbarschaft von Sellerie, Petersilie und Kresse aus.

Sommersalat – Lauch

Sie können ernten:
Kopfsalat, Lauch

Langjährige Praxiserfahrung hat gezeigt, dass Salat für die Sommerernte lnicht so schnell schießt, wenn er gesät wird und auf der unverletzten (nicht verpflanzten) Wurzel stehen kann.

April

Säen Sie Anfang April vier Reihen Sommerkopfsalat im Abstand von 30 cm. An den Beeträndern bleiben 15 cm frei. Sobald der Salat aufgegangen ist, pflanzen Sie Lauch in die Zwischenreihen. Sobald die Salatblätter etwa 10 cm lang sind, vereinzeln Sie sie auf 30 cm Abstand. Für die kräftigen Setzlinge findet sich meist auf anderen Beeten oder an Rändern ein Platz, an dem sie heranwachsen können. Kleine, schwache Pflanzen ziehen Sie einfach heraus und lassen sie als Bodenbedeckung zwischen den Reihen liegen. Gleichzeitig mit dem Vereinzeln können Sie die Zwischenräume zwischen den Reihen hacken und jäten.

Juni

Im Juni beginnt der Salat Köpfe zu bilden. Spätestens Anfang Juli wird er das Feld räumen. Nun beansprucht der Lauch den Platz alleine. Er wird angehäufelt, die Abstände zwischen den Reihen und zum Rand hin betragen jetzt jeweils 30 cm. Der Umfang der einzelnen Stangen nimmt sichtbar zu. Den Boden zwischen den Lauchreihen sollten Sie jetzt nach Möglichkeit mit einer Mulchschicht bedecken.

Oktober

Nach der Lauchernte Ende Oktober ist es für eine Nachkultur auf diesem Beet zu spät. Schlagen Sie den Lauch am Beetrand ein und bedecken das übrige Beet mit angerottetem Kompost.

Sommersalat – Rettich

Sie können ernten:
Rettich, Kopfsalat, Gartenmelde

März

Da sowohl der Salat als auch der Rettich das Beet erst ab Mitte Juni belegen, säen Sie Anfang März breitwürfig Ackerbohne als Gründüngung. Vor der Blüte wird diese ausgehackt. Sie wird vom Beet abgeräumt, damit für die Rettichsaat ein sauberes Saatbeet vorhanden ist. Die Ackerbohnen haben das Beet mit Stickstoff angereichert, sodass die Kulturen keine weitere Düngung benötigen.

Juni

Mitte Juni säen Sie zwei Reihen Rettich der Sorte 'Neckarruhm' oder eine andere Sommersorte; die erste Reihe 15 cm vom Rand entfernt, die zweite im Abstand von 60 cm zur ersten. Genau zwischen die beiden Reihen pflanzen Sie eine Reihe vorgezogener Sommersalate. Setzen Sie diese mit Zwischenräumen von 20 cm zueinander in die Reihe. 30 cm von der zweiten Rettichreihe entfernt, pflanzen Sie eine weitere Reihe Salat, sodass der Abstand zum Rand auch hier 15 cm beträgt. Sobald der Rettich aufgelaufen ist und die ersten Laubblätter gebildet hat, wird er auf 15 bis 20 cm in der Reihe vereinzelt. Nach der Ernte von Salat und Rettich wird das Beet für den Winter mit Melde eingesät.

Salat – Radieschen/Rettich

Sie können ernten:
Kopfsalat, Radieschen, Kerbel, Rettich

MÄRZ

Bei abgetrocknetem Boden säen Sie in das Beet zwei Reihen **Salat**, eine 15 cm vom Rand und die zweite 60 cm von der ersten Salatreihe entfernt. Dazwischen kommen eine Reihe **Radieschen** und eine Reihe **Kerbel** sowie eine weitere Reihe Radieschen im Abstand von jeweils 15 cm. Auch die zweite Salatreihe erhält als Nachbarn eine Reihe Radieschen und eine Reihe Kerbel. Der Kerbel steht bei dieser Planung 15 cm vom Rand entfernt. Der Kerbel wird schon nach zwei bis drei Wochen zu sehen sein und nach sechs Wochen können Sie anfangen, ihn zu schneiden.

Frühjahrssalat – Radieschen, danach: Sommersalat – Rettich: Querschnitt durch das Beet im März und Mai.

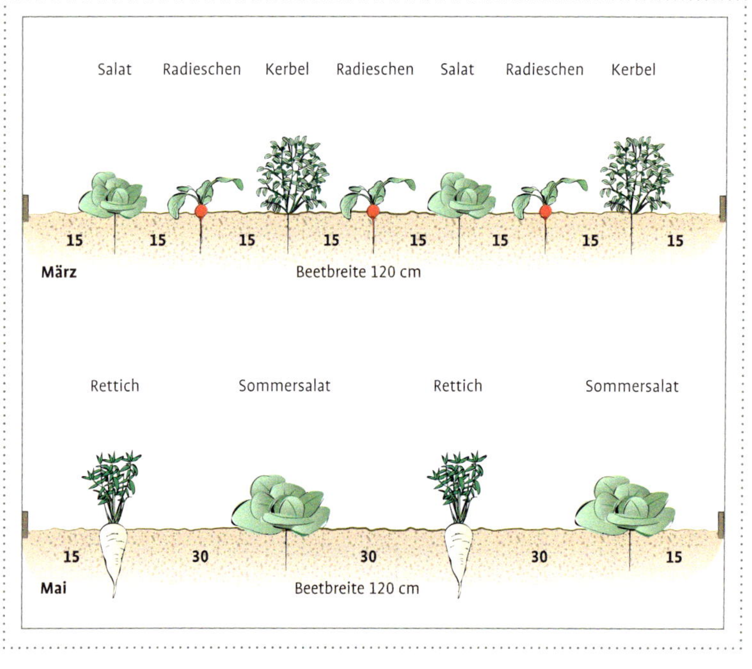

Auch die Radieschen werden schnell wachsen und herausgezogen, bevor die Salatpflanzen – sie sind inzwischen auf 30 cm in der Reihe vereinzelt – stattliche Köpfe entwickelt haben.

MAI

Nach der ersten Ernte säubern Sie das Beet von Unkraut und versorgen es mit reifem Kompost. Anschließend bestellen Sie es wie im vorigen Mischkultur-Beispiel mit **Rettich** und **Sommersalat**. Dabei kommt jeweils genau auf die Reihe, in der der Frühjahrssalat stand, nun der Rettich. Der Sommersalat kommt in die Reihen des Kerbels, was ihm sehr zuträglich ist.

Schnittsalat – Rote Bete

Sie können ernten:
Schnittsalat, Rote Bete, Bohnenkraut

MÄRZ

Da Rote Bete empfindlich gegen kalte Witterung sind, dürfen sie erst nach Mitte April ausgesät werden. Die Reihen markieren Sie aber schon im März: die äußeren beiden Reihen jeweils 20 cm vom Rand entfernt und die Mittelreihe genau in der Mitte des Beetes, das heißt 60 cm nach beiden Seiten zum Beetrand hin und 40 cm zur nächsten Rote-Bete-Reihe. Genau zwischen die drei Reihen säen Sie im März zwei Reihen **Schnittsalat**. Der Abstand zur Rote-Bete-Reihe sollte jeweils 20 cm betragen.

APRIL

Mitte April, wenn sich der Boden auf über 10 °C erwärmt hat, wird die **Rote Bete** ausgesät. Bewährt hat es sich

Für die Mischkultur ist vor allem das einjährige Bohnenkraut geeignet.

Möhre und Salat

Von Möhre zu Salat gehen nachweislich wachstumsfördernde Impulse aus. In diesem Beispiel ist die Möhre als Hauptkultur vorgesehen. Gerade die Anfang April ausgesäten Spätmöhrensorten wachsen in der Anfangszeit sehr langsam.

zu „dippeln“: Legen Sie dazu an jede Pflanzstelle, also alle 12 bis 15 cm, ein bis zwei Samenknäuel. Sind die Samen aufgegangen, lassen Sie nur jeweils den kräftigsten Keimling stehen. Diese stehen dann gleich im richtigen Abstand und Sie sparen sich das zeitaufwändige Verpflanzen. Da **Bohnenkraut** ausgesprochen förderlich auf Rote Bete wirkt, können Sie dicht neben den Schnittsalat noch etwas Bohnenkraut einstreuen. Es benötigt keinen besonderen Platz.

Juli

Anfang Juli ist der Schnittsalat vom Beet geräumt, das Bohnenkraut kann noch eine Weile stehen bleiben und die Rüben haben Platz, um sich auszubreiten. Nach der Ernte der Roten Bete Anfang September können Sie auf das ganze Beet als Gründüngung **Senf** einsäen.

Salat als Begleitpflanzen von Möhren sorgt für eine gute Schattengare.

Kopfsalat – Spätmöhren

Sie können ernten:
Möhren, Kopfsalat, Dill

März

Um für die Keimung und erste Jugendphase eine Schattengare auf dem Beet zu erreichen, pflanzen Sie schon im März vor der Aussaat der Möhren am besten **Salat** als Begleitpflanze. Sie markieren also schon die vier Möhrenreihen je 15 cm vom Rand entfernt und im Abstand von 30 cm von Reihe zu Reihe. Dazwischen pflanzen Sie dann den frühen Kopfsalat.

April

Im April stehen auf diesem Beet dann sieben Gemüsereihen jeweils im Abstand von 15 cm.

Mai

Die **Möhren** werden in dieser Kombination mit **Dillsamen** gemischt. In der Nachbarschaft des Salates keimen Dill und Möhren zügig und gleichmäßig. So ist der Salat Ende Mai zu festen Köpfen herangereift und räumt seinen Platz für die nun dicker und größer werdenden Rüben. Bevor der Dill in Blüte steht, ziehen Sie die Pflanzen heraus und verwenden sie in der Küche. So stören ihre Wurzeln die Möhren nicht bei der Entwicklung.

September

Nach der Möhrenernte Ende September erhält das Beet noch eine Einsaat mit **Senf**, der es über den Winter schützt.

Der Geruch der Salatblätter hält in weitem Umkreis die Erdflöhe von Kohlpflanzen ab.

Salate für den Herbst

Sie können ernten:
Feldsalat, Radieschen, Gartenkresse, Winterportulak

Möchten Sie im Herbst und Winter junges Grün ernten, müssen Sie im August/September aussäen. Geeignet sind schnellwachsende Gemüsearten oder solche, die frosthart sind und im Winter und Frühjahr geerntet werden können. Zu empfehlen ist eine Mischkultur aus **Feldsalat**, **Radieschen**, **Gartenkresse** und **Winterportulak**, wobei Feldsalat jeweils zwischen Radieschen, Gartenkresse bzw. Winterportulak stehen soll. Bei breiteren Beeten können Sie die Reihenfolge beliebig fortsetzen. Im Herbst ist zuerst die Kresse erntereif, dann werden die Radieschen geerntet. Feldsalat und Winterportulak schneiden Sie erst während des Winters. Der Feldsalat verträgt Frost und kann auch bis zum Frühjahr stehen bleiben.

Herbst- und Wintersalate mit Vorkulturen: Querschnitt durch ein Beet.

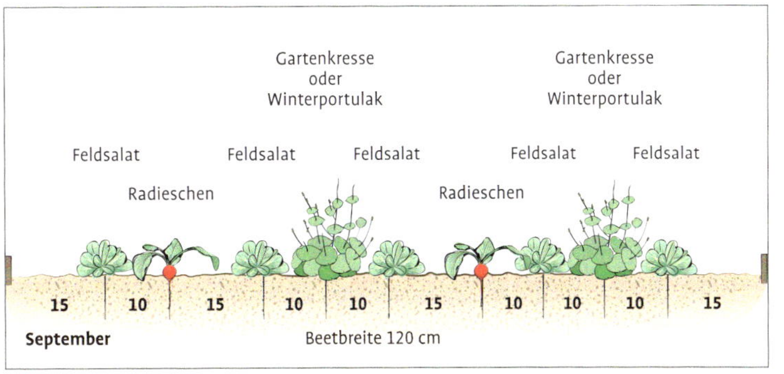

Tolle Knolle: Sellerie

Sellerie – Lauch

Sie können ernten:
Lauch, Kohlrabi, Kopfsalat, Sellerie

MÄRZ/APRIL

Säen Sie im März bis April drei Reihen **Lauch** und pflanzen dazwischen **Frühkohlrabi** und **Salat** (beide vorgezogen).

MAI

Nach der Ernte von Salat und Kohlrabi pflanzen Sie den **Sellerie** auf deren Platz. Der Abstand in der Reihe ist 40 cm. Geben Sie alle drei bis vier Wochen einen Guss mit Brennnessel-Jauche (siehe Seite 87).

SEPTEMBER/OKTOBER

Nun ernten Sie zuerst den Sellerie. Der Lauch kann je nach Sorte noch auf dem Beet bleiben. Auf die freien Flächen kommt für den Winter noch eine Einsaat aus **Senf**.

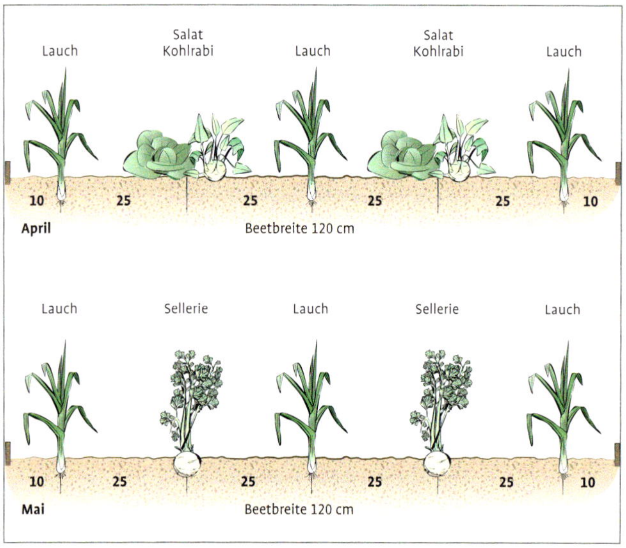

Sellerie – Lauch mit Vorkulturen: Querschnitt durch ein Beet im April und Mai.

Sellerie – Buschbohnen

Sie können ernten:
Kohlrabi, Pflücksalat, Dill, Radieschen, Spinat, Buschbohnen, Sellerie, Feldsalat

MÄRZ

Sobald der Boden abgetrocknet ist, pflanzen Sie in die Mitte des Beetes eine Reihe **Frühkohlrabi**. Rechts und links davon säen Sie je eine Reihe **Pflücksalat**, dem etwas **Dill** beigemischt wird, jeweils 20 cm von den Kohlrabi entfernt. Auch **Radieschen** können Sie in die Reihe zusammen mit dem Pflücksalat säen. Jeweils 20 cm von den beiden Beeträndern entfernt säen Sie je eine Reihe **Spinat**.

MAI/JUNI

Mitte Mai ist der Spinat geerntet, die Radieschen sind herausgezogen, vom Pflücksalat wird laufend für die Küche geschnitten und die frühen Kohlrabi sind fast erntereif. In die Reihen, in denen der Spinat stand, legen Sie nun **Buschbohnen**. Fünf bis sechs Samen kommen im Abstand von 25 bis 30 cm in die Reihe. In der zweiten Maihälfte können Sie zwischen die Kohlrabi vorgezogenen Sellerie setzen, im Abstand von 40 cm. **Sellerie** ist recht kälteempfindlich, Sie setzen ihn besser erst nach den Maifrösten ins Freie. Wenn die Selleriepflanzen nun den Platz beanspruchen, sind die Kohlrabi geerntet. Ab Anfang Juni haben Pflücksalat und Dill den Platz frei gemacht, sodass sich nun Buschbohnen und Sellerie gut entwickeln und ausbreiten können.

AUGUST/OKTOBER

Ende August sind die Buschbohnen geerntet und vom Beet geräumt. An ihren Platz säen Sie je zwei Reihen **Feldsalat** im Abstand von je 10 cm. Nachdem der Sellerie im Oktober geerntet ist, erhält die Beetmitte zwischen den Feldsalatreihen noch eine **Senfeinsaat**.

Rote Rohkost: Tomaten

Der Deutschen liebstes Gemüse: Tomaten.

Die frostempfindlichen Tomaten dürfen erst Mitte Mai nach den Eisheiligen ins Freiland gesetzt werden. Damit die ersten Früchte nicht zu lange auf sich warten lassen, sollten Sie sie im Warmen vorziehen. Dafür säen Sie die Tomatensamen Ende Februar bis Anfang März dünn in lockere, humose, mit etwas Sand gemischte Erde. Vor der Aussaat können Sie sie mit etwas Acker-Schachtelhalm-Brühe überbrausen. Etwa Anfang April werden sie nun nach zweimaligem Pikieren kühler gestellt, beispielsweise ins Frühbeet bei geschlossenen Fenstern. Bei Temperaturen zwischen 12 und 15 °C entwickeln sie sich nun zu gesunden, kräftigen Jungpflanzen, die Mitte Mai ins Freiland gesetzt werden können.

Da die Tomaten lange Jahre an denselben Platz gepflanzt werden können, empfiehlt sich eine stabile Konstruktion zum Anbinden der Triebe. Je nachdem, ob man viele oder wenige Tomatenpflanzen ziehen will, steckt man in der Mitte des Beetes eine Reihe Stangen im Abstand von 50 cm in den Boden oder zwei Reihen, jeweils 20 cm von den Rändern entfernt. Als erste und letzte Stange werden Stahlstangen in den Boden gerammt. Mit Querdrähten werden dann die Tomatenstangen für einen besseren Halt untereinander verbunden.

Wo es möglich ist, legen Sie die Pflanzreihen in der Hauptwindrichtung an. Die Blätter können nach einem Regen besser abtrocknen, sodass die Pflanzen nicht anfällig für Kraut- und Knollenfäule werden.

Tomaten – Kohl

Sie können ernten:
Kohl, Kopfsalat, Tomaten, Gartenmelde, Ringelblumen

März

Säen Sie breitwürfig **Senf** über das ganze Beet. Dieser ist eine ausgezeichnete Vorkultur für Tomaten. Er bereitet den Boden vor und durchlockert ihn mit seinen Wurzeln. Stehen die Stangen als feste Vorrichtung auf dem Beet, säen Sie einfach dazwischen und um diese herum.

April

Im April pflanzen Sie in der Mitte des Beetes eine Reihe mittelfrühen **Kopfkohl** im Abstand von 50 cm in der Reihe. Um die großen Zwischenräume zwischen den noch kleinen Pflänzchen auszunutzen, pflanzen Sie dazwischen jeweils einen frühen **Kopfsalat**. Dazu wird der Senf ausgehackt und bleibt rechts und links zwischen der Kohlreihe und den späteren Tomatenreihen liegen.

Robuste Tomatensorten kann man auch ins Freiland pflanzen. Ringelblumen halten sie gesund.

AUS DEM NOTIZBUCH VON

Sr. Christa

Besser als Schnur

Die Triebe bleiben unverletzt, wenn Sie zum Anbinden Streifen aus Stoffresten oder Nylonstrümpfen verwenden.

Mai

Wo kein dauerhaftes Tomatenbeet eingerichtet ist, stecken Sie jetzt die Stäbe ins Beet. Mitte Mai pflanzen Sie die Tomaten. Den Senf ziehen Sie nun vollends aus dem Boden und lassen ihn als Bodenbedeckung zwischen den Reihen und Pflanzen liegen. Nun graben Sie im Abstand von 60 cm Pflanzlöcher. Die Tiefe richtet sich nach der Größe der vorgezogenen Tomaten. In jedes Loch geben Sie gut ausgereiften, nährstoffreichen Kompost, der mit etwas Steinmehl gemischt ist, und einige Senfsamen. Der keimende Senf fördert erfahrungsgemäß das Einwurzeln der Tomaten. Die Pflanzen setzen Sie bis zum ersten Laubblatt in die Erde. Zwischen die Tomaten säen Sie innerhalb der Reihe Ringelblumen. Sollten sie zu dicht aufgeben, können sie später ausgedünnt werden. Güsse mit verdünnter Brennnessel-Jauche (siehe Seite 87) sind gerade für das Anfangswachstum im Freien empfehlenswert. Nach drei bis vier Wochen häufeln Sie die Pflanzen etwa 10 cm hoch an. Die Wurzeln entwickeln sich dann besser.

Wegen der großen Empfindlichkeit der Tomaten bedecken Sie den Boden darunter mit kurz geschnittenem Stroh oder Gartenabfällen.

Juni

Mitte Juni, wenn der Kopfkohl größer wird, ist der Salat geerntet. Die Ringelblumen sind mittlerweile aufgegangen und einige beginnen zu blühen. Die Früchte der Tomaten nehmen ständig an Größe zu, neue Fruchtstände entwickeln sich. Später müssen Sie die seitlichen Tomatentriebe und auch eventuell die Triebspitze ausgeizen, um anstelle des Triebwachstums die Fruchtentwicklung und -reife zu fördern.

Juli

Ab Juli beginnen sich die Tomatenfrüchte zu röten und Sie können mehrmals wöchentlich durchpflücken. Da die beiden Reihen an den Beeträndern stehen, ist das ohne Schwierigkeiten von beiden Seiten aus möglich, ohne die Kohlpflanzen in der Mitte des Beetes zu stören. Im Schutz der Tomaten sind die Kohlköpfe vor Kohlweißlingen sicher, die vom Geruch der Tomate vertrieben werden.

August/September

Je nach Sorte ernten Sie von August bis September die Kohlköpfe. Je nach Witterung können die Tomatenpflanzen noch bis zum Oktober stehen bleiben. Die dann noch grünen Früchte werden gepflückt und sorgfältig in Kisten unter dunklen Tüchern zum Nachreifen aufgestellt. Beim Abräumen des Beetes müssen kranke Tomatenstauden aussortiert und vernichtet werden. Zum Kompost wandern nur die gesunden Pflanzen, damit sich im Komposthaufen keine Krankheiten vermehren. Das Tomatenbeet kann noch eine Nachkultur von Melde oder Phacelia erhalten.

Tomaten – Lauch

Sie können ernten:
Kopfsalat, Kohlrabi, Kamille, Tomaten, Lauch, Ringelblumen

März

Sobald es die Witterung erlaubt, bepflanzen Sie zwei Reihen im Abstand von je 40 cm zueinander sowie vom Rand entfernt mit Kopfsalat und Frühkohlrabi im Abstand von 25 cm in der Reihe. Da auch Kamille und Tomaten gut zueinander passen, säen Sie jeweils 5 cm von der Beetkante entfernt, eine Reihe Kamille.

Mai

Nach Mitte Mai bepflanzen Sie die beiden Tomatenreihen wie in Beispiel vorher beschrieben. Ende Mai, unmittelbar nach der Ernte der beiden Vorkulturen Kohlrabi und Kopfsalat, setzen Sie in die Beetmitte eine Reihe gut vorgezogenen Lauch. Die Abstände innerhalb der Reihe betragen etwa 15 cm. Diese Kombination ist vor allem dort zu empfehlen, wo die Lauchmotte schwere Schäden verursacht, denn die Lauchmotte wird vom Geruch der Tomatenblätter weitgehend ferngehalten. Da der Lauch keine allzu großen Ansprüche an die Belichtung stellt, eignet er sich auch als Zwischenreihe zwischen den Schatten werfenden Tomaten. Zwischen die einzelnen Tomatenpflanzen können Sie nun noch Ringelblumen säen.

September/Oktober

Wenn im September bis Oktober die Tomaten geerntet und vom Beet abgeräumt sind, kann der Lauch bis zum jeweiligen Gebrauch stehen bleiben. Das Beet erhält rechts und links vom Lauch noch eine Einsaat von Senf.

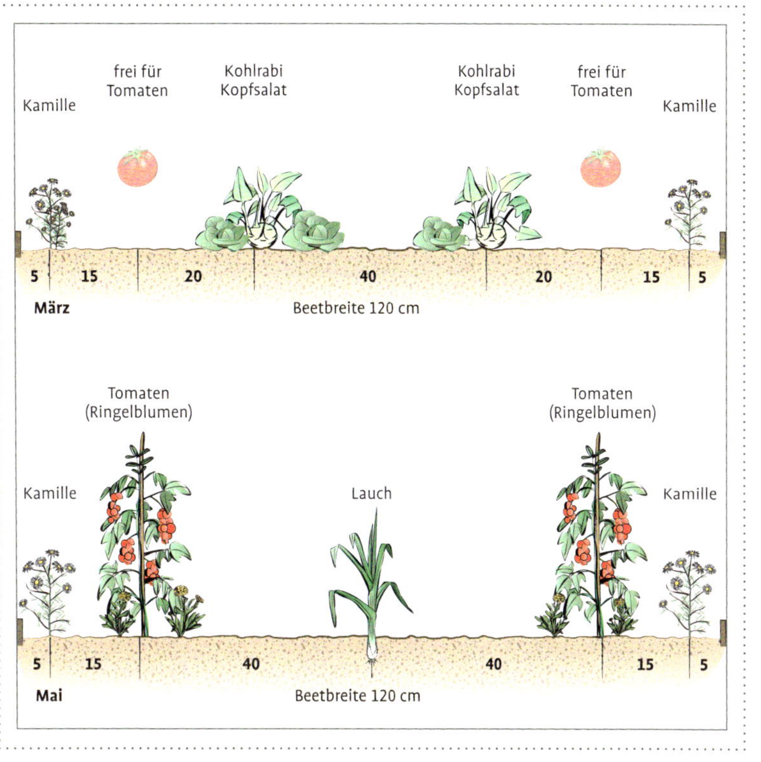

Tomaten – Lauch mit Vorkulturen: Querschnitt durch ein Beet im März und Mai.

Tomaten – Ringelblumen/Petersilie

Sie können ernten:
Petersilie, Ringelblumen, Tomaten

In diesem Beispiel sind die Ringelblumen die direkten Mischkulturenpartner der Tomaten. Während in den vorherigen Beispielen die Partner (Kohl und Lauch) von der Nachbarschaft der Tomaten profitieren, ist hier die Tomate der Nutznießer der Ringelblumen.

März/April

Bestellen Sie das Beet zunächst mit Senf wie auf Seite 54 beschrieben, säen jedoch schon so früh wie möglich in der Mitte des Beetes eine Reihe Ringelblumen und an die Ränder mit je 5 cm Abstand jeweils eine Reihe Petersilie. Petersilie ist für Tomaten ein guter Partner, weil sie das Aroma der Tomatenfrüchte intensiviert. Zwischen die Reihen können Sie breitwürfig Senf säen. Dieser wird im April ausgehackt und bleibt als Bodenbedeckung liegen.

MAI

Wenn dann nach den Maifrösten die Tomaten in 40 cm Abstand zur mittleren Reihe Ringelblumen gepflanzt werden, sind diese und die Petersilie schon da. Die Ringelblumen werden ausgedünnt, damit sie die Tomatenpflanzen nicht bedrängen. Setzen Sie überschüssige Pflanzen an andere Stellen des Gartens, beispielsweise unter Obstbäume. Alle Partner können miteinander wachsen. Petersilie wird laufend für die Küche geschnitten, die Tomaten werden zur Reifezeit regelmäßig ausgepflückt und die Ringelblumen bringen Farbe in das Gartenbild. Bis zum Oktober öffnen sich immer neue Blüten. Abgeblühte Einzelkörbchen und ganze Büsche können Sie herausnehmen, wenn sie nicht mehr schön aussehen, zerkleinern und zwischen die Tomatenpflanzen streuen.

SEPTEMBER/OKTOBER

Sind die Tomaten abgeräumt und das Beet von Unkraut gesäubert, können Sie als Gründüngung wieder Ringelblumen säen. Die meisten Samen werden zwar erst im nächsten Jahr aufgehen, aber da auf diesem Stück ja wieder Tomaten angepflanzt werden, ist das sehr zu begrüßen.

AUS DEM NOTIZBUCH VON

Sr. Christa

JEDES JAHR RINGELBLUMEN

Die Samen der Ringelblumen können Sie sammeln, trocknen und für das nächste Jahr aufbewahren. Ein großer Teil wird sich auch von selbst aussäen und Sie nächstes Jahr irgendwo im Garten überraschen.

Tomaten – Frühkohl

Sie können ernten:
Schnittsalat, Rot- oder Weißkohl, Tomaten, Feldsalat

In diesem Beispiel wird in der Beetmitte eine Reihe Tomaten gepflanzt. Die Stangen sind auch hier entweder als feste Vorrichtung im Boden oder Sie stecken sie vor der Pflanzung.

MÄRZ/APRIL

Säen Sie als Vorkultur im März drei Reihen Schnittsalat, jeweils 40 cm vom Rand und 20 cm von einander entfernt. Die mittlere Schnittsalatreihe ist dabei genau zwischen den Tomatenstangen platziert, was der Entwicklung des Schnittsalates jedoch nichts ausmacht. Im April pflanzen Sie dann 20 cm von den Rändern entfernt Jungpflanzen von frühem Rot- oder Weißkohl.

MAI

Die mittlere Schnittsalatreihe wird zuerst abgeerntet, damit Mitte Mai dort für die Tomaten der Platz frei ist. Die beiden anderen Reihen können noch stehen bleiben, bis sie zum zweiten Schnitt herangewachsen sind. Danach brauchen auch die nun heranwachsenden Kohlpflanzen den Platz.

JULI/AUGUST

Ende Juli wird der Frühkohl das Beet räumen. Sie können also im August noch je zwei Reihen Feldsalat an die Ränder säen.

SEPTEMBER/OKTOBER

Wenn im September und Oktober je nach Witterung die Tomaten abgeerntet und abgeräumt sind, wird zwischen die Feldsalatreihen breitwürfig Senf gesät.

Anspruchslos, aber blühfreudig: Hat sich die Ringelblume einmal angesiedelt, sät sie sich immer wieder aus.

Naschgemüse: Zuckermais

FÜR EINE LANGE MAISERNTE

Ziehen Sie nur einen Teil der Zuckermaispflanzen vor, den anderen Teil säen Sie beim Pflanzen der vorgezogenen Setzlinge direkt ins Beet.

Zuckermais, der zur Familie der Gräser gehört, wird in unseren Hausgärten immer mehr angebaut, denn er ist gesund, lecker und in bunten Sorten erhältlich. Da Mais am Anfang relativ langsam wächst, ist der Boden stark erosionsgefährdet, besonders, wenn der Garten am Hang liegt. Eine niedrigwachsende Pflanze als Misch- oder Unterkultur während dieser ersten Entwicklungsphase ist daher besonders wichtig.

Planen Sie auf jeden Fall genug Pflanzen ein. Mais ist einhäusig. Die Bestäubung ist nur möglich, wenn ein entsprechender Partner in der Nähe steht. Der Zuckergehalt und somit der Geschmack hängt stark von der befruchtenden Sorte ab. Pflanzen Sie ihn deshalb nur in Gärten, bei denen im Umkreis von mindestens 300 m keine Futtermaisbestände stehen. Möchten Sie mehrere Sorten anbauen, muss auch der Abstand zwischen extra süßen Sorten und normalen Zuckermaissorten groß genug sein.

Zuckermais – Erbsen

Sie können ernten:
Erbsen, Spinat oder Gartenmelde, Zuckermais, Kopfsalat

MÄRZ

Früh im März säen Sie in die Mitte eines Beetes frühe **Erbsen**, möglichst niedrigwachsende. Rechts und links von den Erbsen säen Sie je zwei Reihen **Spinat** oder **Gartenmelde** 20 cm von den Beeträndern und 20 cm von den Erbsen entfernt.

APRIL/MAI

Jetzt beginnen Sie mit der Vorzucht des **Zuckermais**. Säen sie ihn in Töpfe oder Schalen, etwa 5 cm tief, und stellen die Sämlinge frostsicher im Kleingewächshaus oder am Fenster auf. Nach den letzten Maifrösten können Sie die Setzlinge auspflanzen. Die Bodentemperatur sollte dann mindestens 10 bis 12 °C betragen. Sind die Setzlinge gut eingewurzelt, vertragen sie auch geringe Nachtfröste bis höchstens –3 °C. Allerdings stockt das Wachstum, die Blätter können gelb werden und verkrüppeln, aber die Pflanzen erholen sich wieder, wenn die Temperaturen steigen. Die Maispflanzen werden jeweils 30 cm von den Erbsen entfernt, also zwischen die noch stehenden Spinatpflanzen gesetzt, im Abstand von 25 cm in der Reihe.
So kann der Zuckermais im Schutz der Spinatreihen den Pflanzschock überwinden und fest einwurzeln. Bis zum Ende des Monats ist der Spinat geerntet bzw. ausgehackt und bleibt als Bodenbedeckung zwischen den Reihen liegen. Auch andere Grünabfälle sollten als

Bodenbedeckung aufgebracht werden, da eine neue Einsaat nun die Maiswurzeln stören würde.

JUNI

Jetzt können Sie die Erbsen ernten und anschließend die Pflanzen entfernen. An deren Stelle kann nun noch eine Sommersalatsorte heranwachsen, die im Abstand von 30 cm in der Reihe gesetzt wird.

AUGUST

Nach der Ernte des Salates Ende Juli/Anfang August, wird der Boden zwischen den Maisreihen bedeckt, damit Sie zur Erntezeit des Maises ungehindert zwischen den Reihen durchgehen und die Kolben pflücken können. Sind die Maiskörner goldgelb und tritt beim Eindrücken mit dem Fingernagel weißer Milchsaft aus, können Sie mit der Ernte beginnen. Die Narbenfäden sind dann braun bis dunkelbraun verfärbt und abgetrocknet. Dunkle (schwarze) Fäden zeigen, dass die Kolben überreif sind. Von Mitte August bis Ende September muss regelmäßig durchgepflückt werden.

OKTOBER

Jetzt wird der Mais gerodet, das Beet gesäubert, mit Kompost versorgt und mit Senf eingesät.

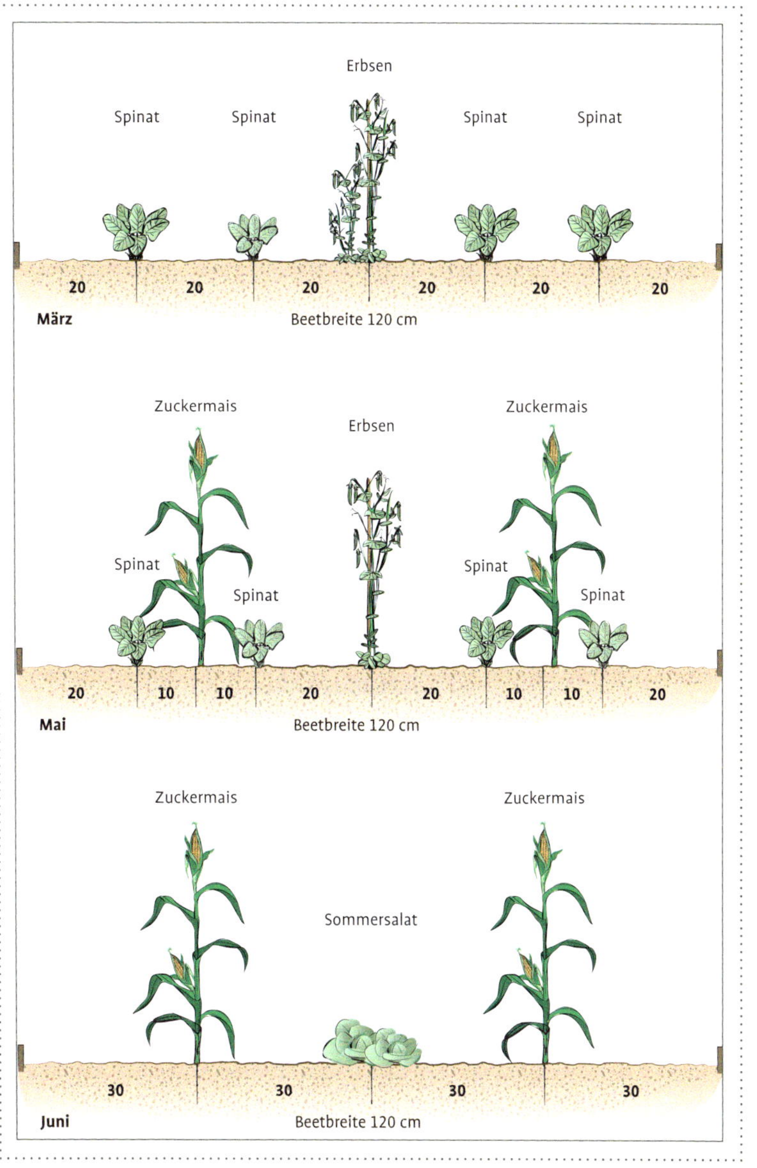

Zuckermais – Erbsen mit Vor- und Nachkulturen: Querschnitt durch ein Beet im März, Mai und Juni.

Einige Pflanzen wie der Gewürzfenchel duften so stark, dass Menschen es wahrnehmen können. Andere halten mit viel feineren Gerüchen Schädlinge fern.

Die Abwehr steht.

Einige Pflanzen haben Strategien entwickelt, mit denen sie Schädlinge von sich und ihren Nachbarn fernhalten. Neben den anderen Vorteilen ist Mischkultur also eine gute Maßnahme zum biologischen Pflanzenschutz.

Blüten und Samenstände der Giftbeere.

Wie Mischkultur die Pflanzen schützt

Dass eine Gemüseart so stark von Schädlingen oder Krankheiten befallen wird, dass sie nicht mehr geerntet werden kann, hat wohl jeder schon einmal erlebt, der Gemüse anbaut. Im Klostergarten in Fulda war es nicht anders. Seit dort aber konsequent mit Mischkultur gearbeitet wird, ist deutlich spürbar, dass die Pflanzen gesünder sind. Schäden treten nur noch in so geringem Maß auf, dass es für die Ernte keine Rolle spielt und Pflanzenschutzmaßnahmen nicht nötig sind. Ein solcher Effekt stellte sich natürlich nicht in den ersten Jahren ein. Wer also erst mit dem Gärtnern nach dem Mischkulturen-Prinzip beginnt, muss etwas Geduld haben. Auf lange Sicht aber werden die Pflanzen gestärkt und der Boden gepflegt.

Pflanzen helfen Pflanzen

Bei einigen Pflanzen ist die abschreckende Wirkung so stark, dass es genügt, sie zwischen die Kulturen zu setzen. Oft ist der Schutz so intensiv, dass er auch im Folgejahr noch zu spüren ist. Dazu gehören:

- Giftbeere (*Nicandra physalodes*): zwischen Kohlpflanzen gesetzt hält sie die weiße Fliege fern
- Tomaten: sie halten Kohlschädlinge fern
- Frühmöhren schützen Lauch und Zwiebeln vor der Lauchmotte
- Ringelblumen bewirken eine grundsätzliche Stärkung ihrer Nachbarpflanzen
- Knoblauch schützt Erdbeeren vor Milben
- Salat hält Erdflöhe von jungen Kohlpflanzen und Radieschen fern
- Spinat schützt ebenfalls vor Erdflöhen
- Majoran kann Ameisen vertreiben
- Basilikum macht Gurken weniger anfällig für Mehltau

AUS DEM NOTIZBUCH VON

Sr. Christa

GESUNDE TOMATEN DURCH KNOBLAUCH

Tomaten im Freiland bekommen keine Kraut- und Knollenfäule, wenn Sie sie mit Knoblauch-Tee spritzen.

Lässt man einige Knoblauchpflanzen Samen bilden, kann man diese im Herbst stecken.

Andere wiederum duften so stark, dass sie den Duft der Wirtspflanze überdecken und Schädlinge regelrecht verwirren und ablenken. Es lohnt sich also, einjährige Sommerblumen in die Gemüsebeete zu setzen. Gleichzeitig sind sie eine wichtige Nahrungsquelle für verschiedene Falter. Dazu gehören Tagetes, Gewürzfenchel, Bohnenkraut oder Minze. Auch Sellerie vertreibt mit seinem Geruch verschiedene Kohlschädlinge. Duftgeranien, im Gewächshaus aufgestellt, halten es frei von Weißer Fliege.

Dritte stärken ihre Nachbarn durch Wurzelausscheidungen. Dazu gehören Ringelblumen. Auch die Gründüngung kann eine schützende Wirkung haben. So wirkt Senf als Fangpflanze für Nematoden. Schon nach einmaliger Aussaat werden mehr als die Hälfte der Fadenwürmer vernichtet. Besonders wirken die Senfpflanzen gegen Nematodenarten, die Rüben, Mangold, Rote Bete und Spinat befallen. Daher sollten Sie vor, nach und zwischen diesen Gemüsearten immer wieder Senf einsäen. Auf schlechten Böden ist Senf vor oder nach Kohlarten allerdings nicht günstig, da es Kohlhernie übertragen kann.

Brühen, Jauchen und Tees

Im biologischen Gartenbau spielt das Vorbeugen, also das Stärken der Pflanzen eine zentrale Rolle. Hierfür werden Spritzmittel verwendet, die Sie aus Pflanzen wie Acker-Schachtelhalm, Brennnessel, Rhabarber oder Holunder selbst herstellen können. Zu Brühen und Jauchen, Kaltwasserauszügen oder Tees verarbeitet, fördern sie die Widerstandskraft und das Wachstum der Pflanzen, sodass Schädlinge und Krankheiten kaum eine Chance haben. Gute Erfahrungen wurden in der Abtei in Fulda auch mit Lebermoos gemacht.

Oben: Knoblauch-Tee kann man auch aus klein geschnittenen Stängeln zubereiten.

Links: Minze bildet ätherische Öle, die Schädlinge von Nachbarpflanzen fern halten.

REZEPTE FÜR DIE IM BUCH ERWÄHNTEN BRÜHEN, JAUCHEN UND TEES

Acker-Schachtelhalm-Jauche

1 kg frische Triebe oder 100 g getrocknetes Pflanzenmaterial mit 10 l Wasser begießen und für 3 Wochen stehen lassen. Täglich umrühren. Zur Anwendung 1:20 verdünnen.

Brennnessel-Jauche

1 kg frische oder 800 g getrocknete Brennnessel in 50 l Wasser ansetzen und vier Tage lang stehen lassen. 1:50 verdünnen und bei leichtem Blattlausbefall oder gegen Spinnmilben verwenden.

Holunderblätter-Jauche

1 kg frische oder 150 g getrocknete Blätter in 10 l kaltes Wasser geben. 2–3 Wochen stehen lassen und gelegentlich umrühren. Unverdünnt verwenden.

Acker-Schachtelhalm-Brühe

1,5 kg frische Triebe oder 200 g getrocknetes Pflanzenmaterial in 10 l Wasser 24 Stunden einweichen. 1 Stunde kochen, abkühlen lassen und abseihen. Zur Anwendung 1:5 bis 1:10 verdünnen.

Bohnenkraut-Tee

2 Handvoll frische Triebe mit kochendem Wasser übergießen, sodass das Kraut gut bedeckt ist. ¼ Stunde ziehen lassen. Dann umrühren und unverdünnt verwenden.

Knoblauch-Tee

70 g Knoblauchzehen klein hacken und mit 1 l Wasser überbrühen. Zur Anwendung abkühlen lassen und 1:7 verdünnen.

Baldrianblüten-Extrakt

Baldrianblüten mit wenig Wasser durch den Fleischwolf drehen und durch ein Leinentuch in ein Fläschchen aus dunklem Glas füllen. Zur Blütenförderung, zum Schutz vor Frost und zur Beizung von Saatgut verwendet man 1 Tropfen Extrakt auf 1 l Wasser.

Acker-Schachtelhalm wächst an Wegrändern oder anderen Stellen, wo der Boden verdichtet ist.

Bei der Mischkultur muss man im Blick haben, was gleichzeitig auf dem Beet wächst und was dort in den Vorjahren stand.

Nicht nur Traumpaare.

Natürlich gibt es auch Pflanzen, die sich im Wachstum hemmen. Manche beeinflussen sich wechselseitig negativ, bei anderen geht die Wirkung nur von einem der Mischkulturen-Partner aus.

Kartoffeln haben hübsche Blüten, sind aber sensibel, was die Nachbarschaft angeht.

Ausnahmen bestätigen die Regel

Die gute Nachricht: In langjährigen Versuchen hat sich herausgestellt, dass es unter den Gemüsepflanzen und Kräutern relativ wenige wirklich hemmende, also negative Kombinationen gibt. Diese Beispiele können Sie sich leicht merken und bei der Gartenbestellung meiden. In der Tabelle auf Seite 93 sind alle negativen Kombinationen aufgeführt. Einige besonders ungünstige Nachbarschaften werden hier aber noch näher erläutert.

Erbsen/Wicken – Kartoffeln

In bestimmten Gebieten Deutschlands, aber auch in Mischkulturentabellen mancher Gartenbücher, wird immer noch eine Kombination aus Frühkartoffeln und Erbsen empfohlen. In der Praxis werden manchmal sogar drei bis vier Erbsen-Körner mit in die Kartoffelpflanzlöcher ausgelegt. Die Erbsen sollen sich dabei an den stabilen Stängeln und dem Kraut der Kartoffeln stützen – was auch nicht das Problematische bei dieser Anbauweise wäre. Doch bereits 1937 wurde der eindeutige Beweis erbracht, dass die Kartoffel einen stark hemmenden Einfluss auf das Keimen und das Wachstum der Erbsenpflanzen ausübt. Diese Ergebnisse wurden auch in anderen Versuchsgärten in eindrucksvoller Weise bestätigt. Immer wieder zeigte sich, dass der Erbsenertrag bei sonst gleichen Boden- und Pflegeverhältnissen in der Kombination mit Kartoffeln deutlich abnahm.

Auch im Garten der Benediktinerinnen-Abtei Fulda war der hemmende Einfluss von Kartoffeln auf Erbsen und noch deutlicher auf die mit den Erbsen verwandten Wicken festzustellen. Der Grund dafür sind die von der Kartoffelknolle oder von Teilen der Knolle ausgeschiedenen Gase, vor denen die Erbsen- und Wickenwurzeln auszuweichen versuchen.

AUS DEM NOTIZBUCH VON

Sr. Christa

UNGÜNSTIGE KOMBINATIONEN

Diese Kombinationen sollten Sie vermeiden:
Bohnen – Zwiebeln
Bohnen – Lauch
Erbsen – Zwiebeln
Erbsen – Lauch

Der Kartoffelertrag allerdings wird durch die Erbse oder Wicke keineswegs geschmälert. Es handelt sich also hier um eine einseitige Hemmwirkung, die nur von der Kartoffel ausgeht. Ob auch auf die zur gleichen Familie gehörenden Bohnen eine solche Hemmwirkung ausgeht, konnte nicht festgestellt werden. Allerdings kommen in der Praxis Kombinationen von Bohnen und Kartoffeln kaum vor.

Kartoffeln – Tomaten – Auberginen – Paprika

Alle vier Pflanzen gehören zur gleichen Familie der Nachtschattengewächse. Da sie von den gleichen Schädlingen angeflogen werden, verstärken Kombinationen aus diesen Gewächsen natürlich die Ausscheidungen und Düfte, die die Schädlinge von weit her anlocken – fast so, als würde ein großes Beet mit einer einzigen Pflanzenart angelegt. Pflanzen Sie Tomaten beispielsweise mit Kartoffeln in Mischkultur, werden auch die Tomaten vom Kartoffelkäfer befallen, obwohl dieser allein stehende Tomaten kaum anfliegt. Auch die Kartoffeln selber werden stärker angeflogen als in Kombination mit anderen Partnern.

Bohnen – Zwiebeln

Ein Zufall deckte den ungünstigen Einfluss beider Partner aufeinander zuerst auf. Gertrud Franck entdeckte, nachdem sie die Reihen ihres Gartens neu eingeteilt hatte, dass in ihrer Zwiebelreihe immer nach einem bestimmten Abstand etwa drei Pflanzen merklich kleiner geblieben waren. Sie stellte fest, dass es immer genau an den Stellen der Fall war, an denen im Vorjahr Bohnen gestanden hatten. Sogar die Rückstände der Bohnenpflanzen konnten also eine so auffallende Hemmwirkung verursachen! Diese Beobachtung wurde in verschiedenen Versuchen bestätigt. Auch nahe verwandte Pflanzen wie Lauch und Erbsen hemmen einander.

Rettich – Gurken

In manchen Jahren und unter bestimmten Voraussetzungen (sehr heißes und trockenes Frühsommerwetter) kommt es vor, dass die oberirdischen Ausscheidungen der Rettiche die Gurkenblüten taub werden lassen, sodass sich in weiblichen Blüten kein Fruchtansatz bildet. Von den zarteren Radieschen geht diese Hemmwirkung nicht aus. Trotzdem gibt es genug andere Kombinationsmöglichkeiten und Sie können leicht auf diese Partnerschaften im Garten verzichten.

Petersilie/Gartenkresse – Kopfsalat

Petersilie und Gartenkresse scheiden aggressive ätherische Öle aus, die zwar manche Schadinsekten vertreiben, andererseits aber auch Nachbarpflanzen beeinträchtigen können. Am meisten leidet der Kopfsalat unter ihrer Nachbarschaft. Er bildet oft gar keine Köpfe aus, sondern beginnt vorzeitig zu schießen. Andererseits ist Petersilie für Tomaten ein guter Partner.

Spinat – Rote Bete/Mangold

Alle drei Pflanzen gehören zur Familie der Gänsefußgewächse. Das bedeutet, dass die Nährstoffe von ihnen in gleicher Weise ausgenutzt werden, sodass keine gegenseitige Ergänzung möglich ist (siehe Seite 93). Außerdem werden sie von den gleichen Schädlingen und Krankheiten befallen.

Rote Bete wird ausgesät und anschließend vereinzelt, wenn die Knollen zu dicht stehen.

Zum einen sind es Nematoden (Fadenwürmer), die vom Boden aus die Wurzeln befallen, daran saugen und dadurch verursachen, dass die Pflanzen kleiner bleiben. Zum anderen sind es die Pilzgeflechte des Falschen Mehltaus, die sich oberirdisch auf den Pflanzen ausbreiten.
So wird Spinat in der Nachbarschaft von Roten Beten eher von Falschem Mehltau befallen. Kombinieren Sie Spinat, Mangold und Rote Bete besser nicht miteinander.

Gurken – Tomaten

Obwohl beide Pflanzen von ihren Wärmebedürfnissen her sehr gut zusammen im Gewächshaus gezogen werden können, sollten sie nicht zu dicht nebeneinander stehen. Es kommt nämlich vor, dass kräftige Tomatenpflanzen die dicht daneben stehenden Gurken verkümmern lassen. Im nächsten Jahr bleiben die Gurken Sieger. Sie bilden kräftiges Laub und lange Ranken aus, doch die Tomaten kümmern und gehen sogar ein, sobald die Gurkenranken sie erreichen. Im Freiland tritt die ungünstige Beeinflussung nicht in Erscheinung, wenn Sie die Abstände zwischen beiden Kulturen so wählen, dass sie sich auch im Spätsommer nicht gegenseitig berühren.

Hemmender Wermut

Wermut hemmt in seiner näheren Umgebung fast alle Gemüsepflanzen, Kräuter und Blumen. Der Botaniker Boas hat in Versuchen nachgewiesen, dass die wachstumshemmende Wirkung des Wermut im freien Feld erst nach 130 cm Entfernung erlischt. Sogar Regenwürmer nehmen vor den Wermutwurzeln Reißaus. Aus diesem Grund sollten Sie in Ihren Mischkompost immer nur einen kleinen Anteil Wermutabfälle geben. In der Regel braucht der Wermut also einen Einzelplatz im Garten. Der Abstand zu anderen Gewächsen soll mehr als eine Beetbreite betragen.

Schafgarbe, zwischen Wermut und andere Nachbarn gesetzt, reduziert die ungünstige Beeinflussung durch den Wermut. Auch Salbei wird von der Hemmwirkung des Wermut nicht beeinträchtigt und wuchert dicht bis an die Staude heran, ohne Wachstumsstörungen zu zeigen. Für die Schwarze Johannisbeere ist der Wermut sogar eine positive Nachbarpflanze, denn er schützt die Beerensträucher vor dem Johannisbeersäulenrost.

Setzt man Blühpflanzen im Gewächshaus neben Gurken, werden Bestäuberinsekten angelockt.

Frühe Blüte

Nicht immer, wenn Kopfsalat schießt, muss Petersilie oder Kresse in der Nähe schuld sein. Oft sind es auch die länger werdenden Tage, die den Schossreiz auslösen, wenn nämlich eine Sorte zur ungünstigen Zeit gepflanzt wurde, beispielsweise eine Frühjahrssorte im Sommer.

Mit seinem silbrigen Laub ist der Wermut eine attraktive Gartenpflanze. Für die Mischkultur ist er allerdings nicht geeignet.

Diese Gemüsearten passen nicht zusammen

Gemüseart	ungünstige Nachbarschaft
Auberginen	Erbsen, Fenchel, Kartoffeln, Tomaten, Paprika, Rote Bete
Blumenkohl/Brokkoli	Zwiebeln, Kohlarten, Kartoffeln
Buschbohnen	Fenchel, Stangenbohnen, Zwiebeln, Lauch
Chinakohl	Radieschen, Rettich
Erbsen	Bohnen, Erbsen, Frühkartoffeln, Lauch, reifender Roggen, Tomaten, Zwiebeln
Fenchel	Bohnen, Kohlrabi, Tomaten
Frühkartoffeln	Auberginen, Erbsen, Paprika, Rote Bete, Tomaten
Gurken	Radieschen, Rettich
Kartoffeln	Erbsen, Rote Bete, Salat, Sellerie, Tomaten
Knoblauch	Bohnen, Kohlarten
Kohlarten	Kohlarten, Veilchen, Raps, Zwiebeln, Knoblauch
Kohlrabi	Fenchel
Kopfsalat	Gartenkresse, Petersilie, Sellerie
Mangold	Spinat, Rote Bete, Rüben
Meerrettich	Wein
Möhren	Pfefferminze, Möhren
Lauch (Porree)	Bohnen, Erbsen
Paprika	Tomaten, Kartoffeln
Radieschen/Rettich	Gurken, Zucchini
Rote Bete	Kartoffeln, Mangold, Spinat
Sellerie	Kartoffeln, Mais, Sellerie
Spinat	Mangold, Rote Bete, Spinat
Stangenbohnen	Buschbohnen, Erbsen, Lauch (Porree), Zwiebeln
Tomaten	Erbsen, Fenchel, Kartoffeln, Rote Bete
Zucchini	Gurken
Zwiebeln	Bohnen, Erbsen, Kohl, Lauch (Porree)

Mischkultur XXL

„Meine Kindheit verbrachte ich in einem Garten. Diese Erinnerungen waren es, die mich animierten, Schloss Ippenburg seinen Küchengarten zurückzugeben – voll frischer Genüsse und eine Wohltat für die Augen.“

Und wie immer wenn die gärtnernde Freifrau etwas anpackt, entsteht Großes: Wenn Küchengarten, dann auch bitte Deutschlands größter! Bei den Überlegungen, wie so etwas aussehen könnte, stieß die Gemüse-Autodidaktin auf Pläne eines Küchengartens, den es am Schloss gegeben hatte und auf das Thema Mischkultur. Marie-Luise Kreuters Beschreibung überzeugte: „Es kann die schönste Pflanze nicht gedeihen, wenn es den bösen Nachbarn nicht gefällt.“ Geklaut bei Schiller, aber im Garten mehr als wahr. Und noch eine Eigenschaft der Mischkultur gefiel Viktoria von dem Bussche: der Mix von Nützlichem mit Schönem, von Blühendem mit Essbaren.

Erst die Arbeit, dann der Genuss … In ihrem Küchengarten kann Viktoria von dem Bussche die verschiedensten Gemüsearten ernten.

||–» VIELFALT IN KLAREM RAHMEN

Um den hohen ästhetischen Ansprüchen der Gärtnerin zu genügen, brauchte es für den bunten Mix aus Radieschen und Rosen, Auberginen und Argentinischem Eisenkraut, Koriander und Kohlrabi einen ordnenden Rahmen. So entstanden 6 m breite und 20 m lange Beete, unterbrochen von Hecken aus tiefroter Blut-Buche, treppenförmigen Hochbeeten und Wasserbecken. Als neuestes Element wurden vor der 600 Jahre alten Bruchsteinmauer Parzellen mit Beerenobst angelegt. Zwischen den Beeten führen breite Wege hindurch, von denen das siebenköpfige Gartenteam, die Freifrau eingeschlossen, bequem arbeiten kann und Besucher die üppige Gemüsepracht bestaunen können.

||–» PLANUNG MIT SYSTEM

Das Erstellen der ersten Beetpläne war aufwändig und anstrengend. „Viele Tage und Stunden saß ich grübelnd zwischen Bergen von Samentüten und Stapeln von Gartenbüchern.“

Alt trifft jung: Im Gewächshaus stehen die Jungpflanzen zwischen antiken Möbeln.

Kurz vor dem Aufgeben kam ihr die Idee mit den Beeten im Karton. Seitdem nutzt von dem Bussche den Februar zur Planung der Pflanzenkombinationen. Jedes Beet bekommt einen Namen, benannt nach der Hauptkultur. Es gibt ein Kartoffelbeet, ein Gurkenbeet, das Erdbeerbeet oder das Zucchinibeet. Für jedes Beet wird ein Karton angelegt. Außerdem notiert sie genau, welche Hauptkultur auf welcher Fläche stand, denn im nächsten Jahr rückt die Kombination auf eine andere Fläche. Jeder Hauptkultur hat sie Partner zugeordnet. Diese müssen natürlich auch untereinander zusammenpassen. Es lohnt sich, diese Listen sorgfältig anzulegen, denn man kann sie jedes Jahr wieder verwenden.

||–» ES BLÜHT UND WÄCHST

Im März geht es dann raus in den Garten. Die Aussaat steht an. Alle Etiketten werden in die vorgesehenen Reihen gesteckt. So ist gewährleistet, dass der Mischkulturenplan eingehalten werden kann. Erbsen, Pastinaken und Dicke Bohnen werden direkt gesät

Kräuter, Blumen, Obst und Gemüse stehen in bunter Vielfalt beieinander.

und mit einem Vlies abgedeckt. Zwischen die Reihen, und überall dort, wo Spätsaat oder frostempfindliche Pflanzen nach den Eisheiligen gesetzt werden, wird Spinat gesät. Samen, die erst später ausgesät werden, bleiben im Karton und kommen dann zum optimalen Zeitpunkt in die Erde.

Im Mai beginnt das große Blühen, Wachsen, Treiben. In der „Nursery“, dem Gewächshaus wo die Pflanzen vorgezogen werden, lichten sich die Reihen. Die Eisheiligen sind überstanden und über 30 Tomatensorten brauchen Platz. Bis in den Spätsommer hinein blüht und gedeiht es in den schnurgeraden Beeten in üppiger Fülle. „Dann ist schon fast vergessen, dass dieser sinnlichen Fülle und Schönheit ein durchdachter geführter Plan zugrunde liegt.“ Mehr als 500 verschiedene Gemüse-, Blumen- und Kräuterarten hat die Freifrau gezählt. Im Herbst entwickelt der Garten seinen ganz eigenen Charme. Dann strecken Stockrosen, Stangenbohnen, Sonnenblumen und Gewürzfenchel ihre schon gelblich gewordenen Triebe Richtung Himmel.

RANKHILFEN

Erbsen und Wicken dürfen nicht zwei Jahre nacheinander auf derselben Fläche stehen. Statt jedes Jahr neue Zäune aus unschönem Kaninchendraht aufzustellen, verwendet sie stabile, aber transportable Gestelle.

Typische Handbewegung: Das Handy am Ohr und ein Fahrrad sind ständige Begleiter.

PASSEND ZUM GARTEN

Baumbusstangen für Kletterpflanzen umwickelt Viktoria Freifrau von dem Bussche mit Sackband. So passen sie besser in den ländlich geprägten Garten.

||–» VERFÜHRERISCHE VIELFALT

5.000 m^2 für einen Gemüsegarten zur Verfügung zu haben verlockt. „Die Lust alles auszuprobieren, die Unfähigkeit, angesichts der Fülle des Angebots Entscheidungen zu treffen, verführt zur Maßlosigkeit." Also mussten klare Kriterien her. „Der Speiseplan bestimmt die Auswahl", erklärt Viktoria von dem Bussche kurz und knapp. Dabei geht sie danach, welche Gemüsearten „pflückfrisch" am besten schmecken: Gurken, Bohnen, Mangold, Möhren, Kartoffeln, Spargel gehören dazu, aber auch Salate und viele Kräuter. „Die meisten Kohlarten kann man gut auf dem Markt kaufen und die Weiße Fliege ist ein Problem. Deswegen verzichte ich größtenteils darauf." Nur der Palmkohl hat es wegen seines aufrechten Wuchses mit schmalen Blättern in den Garten geschafft.

||–» IMMER ETWAS NEUES

„Außerdem empfehle ich, jedes Jahr etwas Neues auszuprobieren." Sie experimentiert gerne mit außergewöhnlich gefärbten Sorten: Angetan haben es ihr die Möhre 'Purple Haze', innen gewohnt orange aber außen wie die Urmöhren dunkelviolett; 'Blauwschokker', eine altbewährte Kapuzinererbse mit violetten Blüten und Hülsen oder die dunkel marmorierte Kartoffel 'Vitelotte'. Manche Gemüsearten dürfen aber auch bleiben, obwohl sie in der Küche kaum Verwendung finden. „Erbsen sind mir zum Kochen zu mühselig, aber ich liebe es, sie mit meinen Enkelkindern direkt vom Beet zu naschen."

Ob die auch einmal davon träumen, einen Küchengarten zu besitzen, weiß Viktoria von dem Bussche nicht. Aber dass er ihre Erinnerungen an frühere Zeiten zu neuem Leben erweckt. Und dass sie sich damit einen Traum erfüllt hat. Als sie 1979 im Ippenburger Schlosspark ein zerfallenes, zwischen Brennnesseln verstecktes Glashaus entdeckte, begann sie von einem Garten zu träumen: mit Weinreben und Pfirsichbaum, Melonen und den Geschmäckern ihrer Kindheit.

Möhren, Mangold und Tagetes in harmonischem Miteinander. Im Spätsommer überragen Sonnenblumen die Beete.

KÜCHENGARTEN SCHLOSS IPPENBURG

GARTEN:	Küchengarten auf Schloss Ippenburg (Niedersachsen)
GRÖSSE:	5.000 m²
BESUCHEN:	Mai bis August an Sonn- und Feiertagen
INFORMIEREN:	www.ippenburg.de

Zwiebeln, Gartenmelde, Haferwurzeln und Petersilie brauchen wenig Platz und sind daher gute Mischkulturpartner für kleine Gärten.

Aus wenig viel machen.

Mischkultur ist für Besitzer von kleinen Gärten ideal. Denn die Größe eines Gartens mag begrenzen, wie viel Gemüse Sie ernten können. Auf die mögliche Vielfalt hat sie jedoch weniger Einfluss als man meinen möchte.

Mischkultur im kleinen Garten

Selbst auf kleiner Fläche können Sie sieben bis acht verschiedene Gemüsearten ernten. Das Markieren, Bepflanzen und Pflegen erfolgt wie in größeren Gärten. Einige Gemüsekulturen sind besonders gut geeignet. Dazu gehören Spinat oder Radieschen, die früh gesät werden und schnell keimen. Aber auch Kohlarten, mit denen Sie die Gartensaison bis in den Winter verlängern können.

Die folgenden Beispiele sind speziell für kleine Gärten angelegt. Geplant wurde mit einer Beetbreite von 1 m. Sie sind aber auch für solche Gartenbesitzer empfehlenswert, die gerade erst mit der Mischkultur beginnen und diese Art des Gärtnerns erst einmal auf kleiner Fläche ausprobieren möchten. Die meisten Vorschläge aus dem Kapitel Mischkultur auf Beeten können Sie ebenfalls im kleinen Garten verwenden. Verringern Sie dann die Abstände zwischen den Reihen einfach um wenige Zentimeter.

Schon nach einer guten Woche schieben Radieschen ihre Keimblätter aus der Erde.

Kleines Beet, große Ernte: Beispiel 1

Sie können ernten:
Möhren, Dill, Kohlrabi, Kopfsalat, Spinat, Gartenkresse, Radieschen, Lauch

April

Säen Sie Anfang April drei Reihen **Möhren**, denen etwas **Dillsamen** beigemischt sind. Davon liegt je eine Reihe entlang der Beetränder und eine Reihe in der Mitte. Die Abstände betragen also knapp 50 cm. In diese Zwischenräume pflanzen Sie zwei Reihen **Kohlrabi** und **Kopfsalat** im Abstand von 25 cm. Der Salat hat hier die günstige Nebenwirkung, dass er die Erdflöhe von den Kohlpflanzen abhält. Links und rechts von den Kohlrabi-Kopfsalat-Reihen können Sie weitere schnellwachsende Pflanzen unterbringen. Zwischen Beeträndern und den äußeren Möhrenreihen säen Sie **Spinat**, in die inneren Zwischenräume eine Reihe **Gartenkresse** und eine Reihe **Radieschen**. Zu dicht kann der Bestand nicht werden, da die einzelnen Gewächse ja nacheinander geerntet werden. So wird immer wieder Platz geschaffen, damit die langsamer wachsenden Pflanzen sich ausbreiten können.

Mischkulturbeispiel für den kleinen Garten: Querschnitt durch ein Beet im April, Juni und August.

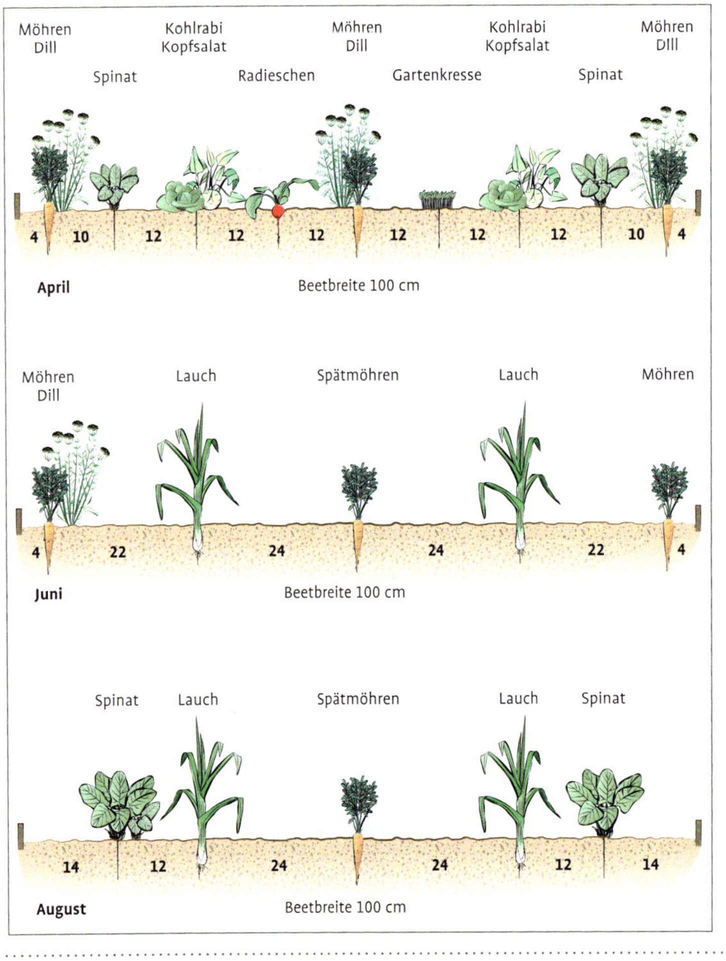

Mai/Juni

Als erstes können Sie die Gartenkresse ernten, bald danach die Radieschen. Nur wenige Tage später ist der Spinat so groß, dass er geschnitten werden kann. Etwas gedulden müssen Sie sich, bis der Kohlrabi geerntet werden kann. Knolle und Blätter sollten zusammen dann etwa 500 bis 750 g schwer sein. Bei dieser Größe sind Kohlrabi (mit Ausnahme der Sorte 'Superschmelz' besonders zart. Zur gleichen Zeit kann auch der Kopfsalat geschnitten werden. In die nun frei werdenden Reihen wird **Lauch** nachgepflanzt. So ist das ganze Beet bald bedeckt. Obwohl laufend geerntet wird, hat es fast immer eine dicht geschlossene Pflanzendecke. Unkraut wird kaum auftreten, und durch den dichten Pflanzenwuchs entsteht wie von selbst die wertvolle Schattengare des Bodens (siehe Seite 17).

August

Säen Sie nun späte **Spinatsorten** an die Beetränder. Diesen können Sie im Herbst ernten.

Bunte Ernte trotz wenig Platz: Mischkultur funktioniert auch im kleinen Garten.

Sät man Dill und Möhren in derselben Reihe spart das Platz und hält die Pflanzen gesund.

Kleines Beet, große Ernte: Beispiel 2

Sie können ernten:
Möhren, Dill, Radieschen, Zuckererbsen, Spinat, Pflücksalat, Rucola, Gartenkresse, Kohlrabi, Chinakohl oder Knollenfenchel, Zuckerhut oder Endivie

Eine weitere Möglichkeit für Besitzer von kleinen Gärten ist diese Kombination mit Salat und Zuckererbsen. Allerdings enthält sie mehr Kulturen und ist daher eher für erfahrenere Gärtner geeignet.

März/April

Bereits im März können Sie 10 cm vom rechten und linken Beetrand entfernt je eine Reihe **Möhren mit Dill** säen. Als Markiersaat mischen Sie **Radieschen** darunter. Zur gleichen Zeit spannen Sie in der Mitte des Beetes einen Erbsendraht und säen dort **Zuckererbsen**. **Spinat, Pflücksalat**, **Rucola** und **Gartenkresse** können jetzt ebenfalls gesät werden (Position und Abstände siehe Zeichung) und auch die **Kohlrabi**-Setzlinge kommen in die Erde.

Juni/Juli

Nachdem im Mai Spinat, Radieschen und Gartenkresse geerntet wurden, sind im Juni Rucola, Pflücksalat, Kohlrabi und Zuckererbsen sowie Dill und im Juli die Möhren erntebereit. Neu gepflanzt bzw. gesät wird **Chinakohl** oder **Knollenfenchel**, in der anderen Reihe **Zuckerhut** oder **Endivie**.

Daran sollten „Kleingärtner" denken

Der vielseitige Anbau bewirkt eine gute gegenseitige Verwertung der pflanzlichen Stoffwechselprodukte. Da von einem Quadratmeter ungefähr das Vierfache des normalen Ertrages geerntet wird, versteht sich von selbst, dass der Boden auch besonders gut vorbereitet und mit Kompost und organischem Dünger versorgt werden muss. Dann aber lässt sich durch Mischkultur auch das kleinste Fleckchen im Garten nutzen.

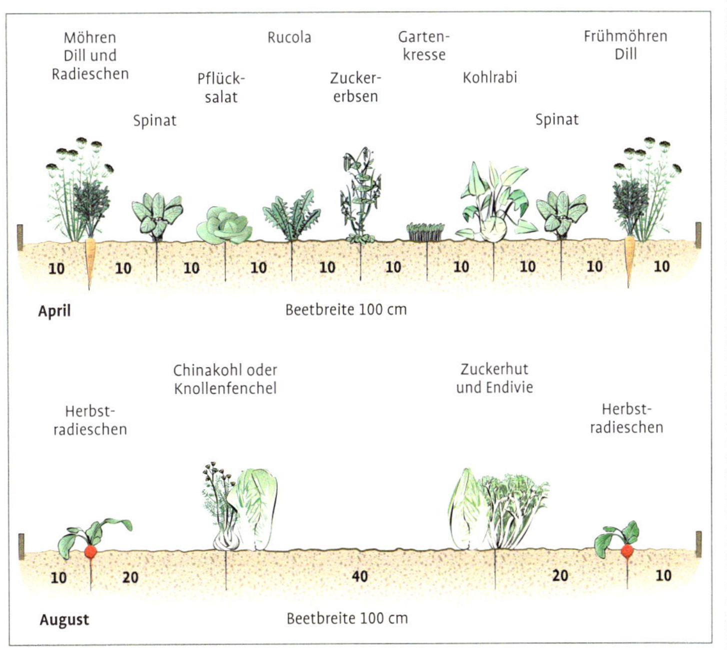

Mischkulturbeispiel für den kleinen Garten: Querschnitt durch ein Beet im April und August.

Wer im Hochbeet gärtnert, muss mit begrenztem Platz auskommen. Die Arbeit mit Mischkultur ist dafür ideal, weil es auf wenig Fläche viel zu ernten gibt.

Es geht aufwärts!

Ganz neu ist die Idee nicht, Gemüsepflanzen statt auf dem flachen Gartenboden auf Wällen, Hügeln oder Hochbeeten anzubauen. Oft ist es die einzige Möglichkeit, im eigenen Garten Frisches zu ernten.

Wo der Boden sich nicht zum Anbau von Gemüse und Kräutern eignet, schaffen Hochbeete Abhilfe.

Mischkultur im Hochbeet

In China, wo seit 4000 Jahren Gartenbau betrieben wird, entwickelten die erfindungsreichen Bauern den sogenannten „Chinesenhügel“, ein flaches Hügelbeet von 1,25 m Breite, beliebiger Länge und nur etwa 15 cm Höhe. Jahr für Jahr wurde er unter Verwendung von Reifkompost neu angelegt.

In Deutschland führte Hermann Andrä Mitte des 20. Jahrhunderts seine Hügelkultur ein und hatte damit große Erfolge. Hans Beba übernahm die Methode, fasziniert von der Idee der fruchtbaren Hügel und entwickelte sie weiter. Diese Art Gemüse anzubauen gewann viele Anhänger, denn sie vergrößerte die Beetfläche um ein Vielfaches – das war vor allem in kleinen Stadtgärten sehr praktisch. Die eigentlichen Hochbeete, also mit Holz oder Steinen eingefasste „Hügelbeete“, sind vor allem dann zu empfehlen, wenn das Bücken schwerfällt, der Gartenboden extrem hart oder mit Schadstoffen belastet ist.

Anders gärtnern

Das Gärtnern im Hochbeet unterscheidet sich vom Arbeiten auf dem Gartenboden durch mehr als die Arbeitshöhe. Beim Bearbeiten und Bepflanzen sind folgende Aspekte zu bedenken:

- Das Hochbeet wird mit verschiedenen organischen Materialien gefüllt. So entfallen viele Tätigkeiten, die im ebenerdigen Garten notwendig und anstrengend sind. Dazu gehören das Düngen sowie das Umgraben beziehungsweise Lockern des Bodens.
- In den ersten Jahren werden durch das Verrotten der Füllmaterialien viele Nährstoffe frei. In dieser Phase ist es nicht empfehlenswert, Kulturen anzubauen, die Nitrat speichern.

- Durch die untere, lockere Schicht Holzschnitt und ähnliche Materialien kann die Erde im Hochbeet keine Feuchtigkeit aus dem Boden nach oben ziehen. Die Beete trocknen also leichter aus und die Pflanzen müssen öfter gegossen werden als solche die auf Flachbeeten stehen.
- Durch die Verrottungswärme kann früher gepflanzt und geerntet werden. Auch kühle, sommerliche Regenperioden überstehen die Pflanzen im Hochbeet besser als auf Flachbeeten. Überspannen Sie die Konstruktion mit Folie, wird das Hochbeet sogar zum Frühbeet.
- Holzschnitt und andere grobe Materialien, die bei der Gartenpflege anfallen, können sinnvoll verwertet werden, wenn Sie sie zum Füllen des Hochbeetes verwenden.
- Durch das Verrotten sackt die Füllung des Hochbeetes jedes Jahr ein wenig ab. Statt der Schichtung von verschiedenen Materialien können Sie es auch einfach mit gutem Mutter boden und als oberste Schicht mit einem Kompost-Erde-Gemisch füllen. Das ist teurer, muss aber nicht jedes Jahr wieder aufgefüllt werden.
- Arten, die sich ausbreiten, können an den Rand gesetzt werden, sodass sie als Hängepflanzen wachsen. Das spart Platz im Beet.

Kombinationen für Hochbeete

Das Gärtnern mit Mischkultur funktioniert im Hochbeet prinzipiell wie in ebenerdigen Beeten. Überlegen Sie sich also, welche Gemüsearten Sie ernten möchten, welches gute Partner und welches geeignete Vor- und Folgekulturen sind. Neben den folgenden Beispielen können Sie die Kombinationen ab Seite 102 verwenden oder in den Kasten auf Seite 158 schauen. Je nach Breite Ihres Hochbeetes passen Sie die Reihenabstände entsprechend an. Planen Sie Spinat, Rote Bete, Mangold und andere Gemüsearten, die Nitrat speichern, erst im dritten Jahr ein. Bauen Sie am besten gleich zwei Hochbeete. Dann können Sie die Kombinationen abwechselnd darin anbauen.

Damit Lauch, Fenchel und was man sonst noch ernten möchte, Platz haben, wählt man Zucchini-Sorten, die buschig wachsen.

Tomaten und mehr

Sie können ernten:
Tomaten, Petersilie, Ringelblumen, Kohlrabi, Kopfsalat, Möhren, Dill, Herbstradieschen oder Feldsalat

April

Markieren Sie je nach Länge des Beetes in der Mitte drei bis vier Stellen für Tomaten. Zwischen ihnen sollte mindestens 40 cm Platz sein, zum Rand ist ein Abstand von 25 cm notwendig. Zwischen die für die Tomaten reservierten Stellen pflanzen Sie **Petersilie** und **Ringelblumen**. Auf eine Seite der Tomatenreihe setzen Sie **Kohlrabi** und **Kopfsalat** abwechselnd, jeweils 30 cm auseinander. Auf der anderen Seite säen Sie eine Reihe **Möhren** und **Dill**.

Mai

Nach den Eisheiligen können die Tomaten ins Hochbeet gesetzt werden.

JUNI
Jetzt werden die Ringelblumen ausgedünnt, damit sie die Tomaten nicht bedrängen. Wenn die Blüten welken, zieht man die Pflanzen heraus, zerkleinert sie und streut sie als Bodenabdeckung zwischen die Tomaten. Die Petersilie kann laufend geerntet werden, auch Kopfsalat, Kohlrabi und Dill sind jetzt erntebereit.

AUGUST
Im August stehen nur noch die Tomaten, die jetzt viel Platz brauchen, im Hochbeet. An die Ränder können Sie **Herbstradieschen** oder **Feldsalat** säen.

Gurken und mehr

Sie können ernten:
Gartenkresse, Rucola, Zwiebeln, Dill, Pflücksalat, Gurken, Basilikum, Feldsalat

MÄRZ/APRIL
Säen Sie Ende März 5 cm vom vorderen Rand entfernt **Gartenkresse** und 5 cm vom hinteren Rand **Rucola**. Im April können die **Steckzwiebeln** 10 cm von der Gartenkresse entfernt gesteckt werden. Dazwischen wird der **Dill** gesät. 10 cm vom Rucola pflanzen Sie **Pflücksalat**.

MAI
Nach den Eisheiligen können die **Gurken** ins Beet. Setzen Sie die Pflanzen im Abstand von 60 cm in die Mitte des Hochbeetes und den **Basilikum** in die Zwischenräume. Die Gartenkresse kann geerntet werden, bei Rucola und Pflücksalat beginnt die Ernte im Mai und geht laufend weiter bis zum Juli.

JULI
Nun werden die Gurken geerntet.

AUGUST
An den Beeträndern können Sie jetzt noch **Feldsalat** säen.

EIN HOCHBEET BAUEN

Die günstigste Zeit zum Bau eines Hochbeetes ist der Herbst. Suchen Sie eine Stelle im Garten, an der Sie das Hochbeet aufstellen können. Empfehlenswert ist eine Breite von 1,20 m und das Aufstellen in Ost-West-Richtung. Die Länge richtet sich nach der Größe des Gartens. Planen Sie die Nordseite etwa 15 cm höher als die Südseite, können die leicht schräg auftreffenden Sonnenstrahlen voll ausgenutzt werden.

Heben Sie nun zunächst eine 20 cm tiefe Grube aus. Diese legen Sie mit feinmaschigem Mäusedraht aus, dessen Ränder Sie bis zur Ummantelung hochziehen. Nun errichten Sie eine stabile Rahmenkonstruktion. Am schnellsten und einfachsten geht das mit Holz. Geeignet sind Rund- oder Kanthölzer, die mit den Eckpfosten fest verklammert werden. Bei längeren Beeten sind an den Längsseiten zusätzliche senkrechte Stützpfosten nötig. Noch sicherer gegen Wühlmäuse sind Hochbeete mit einem Boden aus Ziegelsteinen. Verwenden Sie Lochziegelsteine, bleibt die Durchlässigkeit und der Kontakt zum Unterboden erhalten.

In die Konstruktion füllen Sie:

- Als unterste Schicht grobe Gartenabfälle wie Holzschnitt, Reisig bis hin zu zersägten Baumstämmen, etwa 20 cm hoch. Dazwischen können Sie zerrissene Zeitungen und Pappkartons geben.
- Darüber etwa 15 cm hoch Grassoden oder ersatzweise Grasschnitt sowie zerkleinerte Gartenabfälle, mit Erde vermischt.
- Als nächstes folgt eine etwa 20 cm starke Schicht aus feuchtem Laub oder gut durchfeuchtetem Stroh.
- Die nächste Lage besteht aus etwa 15 cm halbverrottetem Kompost.
- Den Abschluss bildet ein ebenfalls 15 cm dickes Gemisch aus guter Gartenerde und gesiebtem Reifkompost. Zusammen mit der darunterliegenden Grobkompostschicht ist somit ein 30 cm tiefes Wurzelbeet für die angebauten Kulturen entstanden.die mit den Eckpfosten fest verklammert werden. Bei längeren Beeten sind an den Längsseiten zusätzliche senkrechte Stützpfosten nötig.

Früher, schneller, weiter: Wer den Luxus genießt, ein Gewächshaus nutzen zu können, kann auch hier mit Mischkultur arbeiten.

Frühstart.

Im Gewächshaus beginnt das Gartenjahr früher und dauert länger. Auf die Verträglichkeit der Mischkulturen-Partner untereinander hat das keinen Einfluss. Aber nicht alles, was im Garten angebaut werden kann, ist auch zum Anbau unter Glas oder Folie geeignet.

Edle Modelle orientieren sich an viktorianischer Architektur. Selbstgebaute Gewächshäuser aus Holzlatten und Folie erfüllen aber den gleichen Zweck.

Mischkultur im Gewächshaus

Die Überlegungen bleiben auch hier die gleichen wie für den Mischkulturen-Anbau im Freiland: Welche Gemüsearten passen zueinander? Was belegt das Beet zu welcher Zeit?

Dennoch sind nicht alle Kulturen für den Anbau im Gewächshaus geeignet. Kohl, Sellerie oder Mangold würde schnell Mehltau bekommen. Wärmeliebende Pflanzenarten, wie Melone, Tomate und Gurke, können hier jedoch gut angebaut werden.

Die folgende Übersicht zeigt Gemüsearten, die Sie gut unter Glas oder Folie anbauen können. Im Dezember und Januar ist es zu dunkel und das Gemüse gedeiht nicht gut. Den Rest des Jahres kann das Gewächshaus jedoch für die Mischkultur genutzt werden.

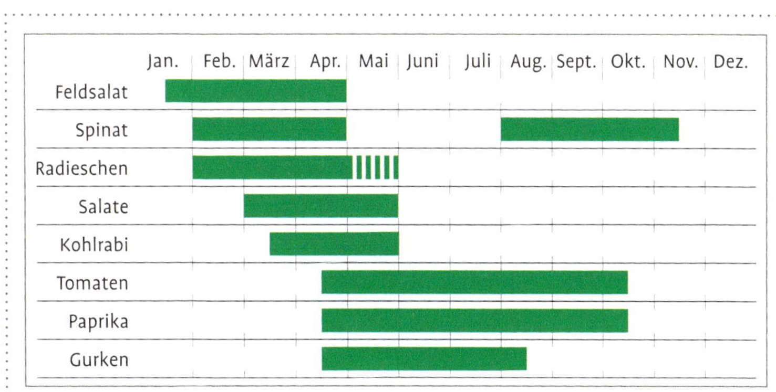

Geeignete Gemüsearten fürs Gewächshaus mit Anbaumonaten.

Stangenbohnen stehen mehrere Monate auf dem Gemüsebeet. Zu ihren Füßen kann man jedoch Salate, Rote Bete oder Spinat setzen.

Alles zu seiner Zeit.

Nicht jede Pflanzenart beansprucht ihren Platz auf dem Beet gleich lange. Einige wachsen schon früh im Jahr, andere brauchen es wärmer. In der Mischkultur werden bewusst Pflanzen so zusammengesetzt, dass das Beet ganzjährig bedeckt ist.

Der Salat steht kürzer auf dem Beet als der Grünkohl. In dieser Kombination ist er die Begleitpflanze.

Leit- und Begleitkulturen

Fachleute sprechen von Leit- und Begleitkulturen. Als Leitpflanze oder Leitkultur wird dabei die Hauptkulturpflanze bezeichnet, die den größten Raum-, Pflege- und Zeitbedarf einfordert. Die Partner werden als Begleitkulturen bezeichnet, weil sie die Leitpflanze jeweils nur für eine bestimmte Zeit auf dem Beet begleiten.

Wenn für ein Beet eine Kombination von Spätkohl und Salat vorgesehen ist, so ist der Kohl die Leitpflanze, der Salat die Begleitpflanze. Sind Sellerie und früher Blumenkohl die Mischkulturenpartner, so ist Sellerie die Leitpflanze, weil er länger auf dem Beet bleibt als der Blumenkohl. Stehen die Pflanzpartner dabei nur sehr kurze Zeit mit der Hauptkultur zusammen, handelt es sich um „echte" Begleitpflanzen. Begleiten sie die Hauptkultur fast die gesamte Wachstumszeit über von der Aussaat bis zur Ernte, spricht man eher von Mischkulturenpartnern.

Vor- und Nachkulturen

Pflanzen, die schon vor der Hauptkultur geerntet werden oder erst nach der Ernte der Hauptkultur angepflanzt und gesät werden, bezeichnet man als Vor- oder Nachkulturen. Ihnen ist gemeinsam, dass sie eine relativ kurze Entwicklungszeit haben und in der Regel unter Kurztagsbedingungen gedeihen, also im Frühjahr oder Herbst. Dagegen bilden sie im Sommer mit Tageslängen bis zu 16 Stunden keine zufriedenstellenden Köpfe, Rüben oder Blattrosetten aus, sondern gehen direkt in die Blüte über. Von einigen dieser typischen Kurztagspflanzen wie Salat oder Radieschen sind jedoch inzwischen Sorten gezüchtet worden, die auch im Sommer angebaut werden können. Wollen Sie diese Gewächse im Sommer anbauen, ist die richtige Sortenwahl wichtig.

Empfehlenswerte Vor- und Nachkulturen

Gemüseart	günstige Vorkultur	günstige Nachkultur
Auberginen	früher Kopf- und Pflücksalat, Spinat	Senf, Gründüngungspflanzen
Blumenkohl/Brokkoli	Spinat, Gartenkresse	Feldsalat
Buschbohnen	Frühmöhren, früher Kopfsalat, Kohlrabi, Radieschen	Feldsalat, Endivien, Grünkohl
Chinakohl	Schnittsalat, Kohlrabi, Erbsen	keine, da späte Ernte
Endivien	Buschbohnen, Möhren, Zwiebeln	keine, da späte Ernte
Erbsen	keine, da Aussaat im April	Chinakohl, Rosenkohl, Grünkohl, Endivien
Fenchel	Früherbsen, Frühkartoffeln	Senf
Gurken	Ackerbohnen, Senf	Spinat, Melde
Kartoffeln	Pfefferminze (Bodenbereiter)	Fenchel, Malve, Rosenkohl, Grünkohl, Winterroggen
Knoblauch	Hülsenfrüchte	Senf, Feldsalat
Kohlarten	Hülsenfrüchte, Radieschen, Spinat, Schnittsellerie	Feldsalat, Phacelia, Spinat
Kohlrabi	Salat, Spinat, Radieschen	Chinakohl, Winterrettich, Feldsalat
Kopfsalat	Radieschen, Kohlrabi, frühe Erbsen	Gurken, Kohlarten, Mangold, Endivien
Mangold	Senf, Hülsenfrüchte	Feldsalat, Senf, Winterroggen
Meerrettich	Hülsenfrüchte	keine, da mehrjährig; nach der Rodung Hülsenfrüchte
Möhren	Winterlauch, Winterroggen	Buschbohnen, Endivien, Herbstrüben, Petersilie
Lauch (Porree)	Kohlrabi, Salat	Petersilie, Möhren (nach Winterlauch)
Paprika	Radieschen, Salat	Senf
Radieschen/Rettich	keine, da frühe Aussaat	Salat, Spätkohl, Feldsalat
Rhabarber	Hülsenfrüchte	keine, da mehrjährig
Rote Bete	Kohlrabi, Radieschen, Salat	Senf
Schwarzwurzeln	keine, da frühe Aussaat	Senf, Feldsalat
Sellerie	Hülsenfrüchte, Winterspinat	Kohl, Schnittsellerie
Spargel	Hülsenfrüchte	keine, da mehrjährig
Spinat	fast jede Pflanzenart außer Mangold und Rote Bete	fast jede Pflanzenart außer Mangold und Rote Bete
Stangenbohnen	Frühmöhren	Feldsalat
Tomaten	Kohlrabi, Senf, Spinat	Senf, Ringelblumen, Hülsenfrüchte
Zucchini	Hülsenfrüchte	Senf
Zuckermais	Senf, Spinat, Phacelia	Senf, Phacelia, im Folgejahr fast alle Gemüsearten- angebaut werden
Zwiebeln	keine, da frühe Aussaat	Endivien, Herbstrüben, Petersilie

Ist die Rauke abgeerntet, kann man auf die Fläche Salate oder Kohl pflanzen.

Lauch ist ein Starkzehrer. Nach dem Prinzip der Fruchtfolge würde man auf dieses Beet eine Kultur mit mittlerem Stickstoffbedarf setzen.

Pflänzchen wechsel dich.

Im Grunde bewirkt die Fruchtfolge das Gleiche wie die Mischkultur: Der Boden soll nicht einseitig beansprucht werden, indem Gewächse mit Unterschieden hinsichtlich Wurzeltiefe und Nährstoffbedarf verschiedene Bereiche des Bodens nutzen.

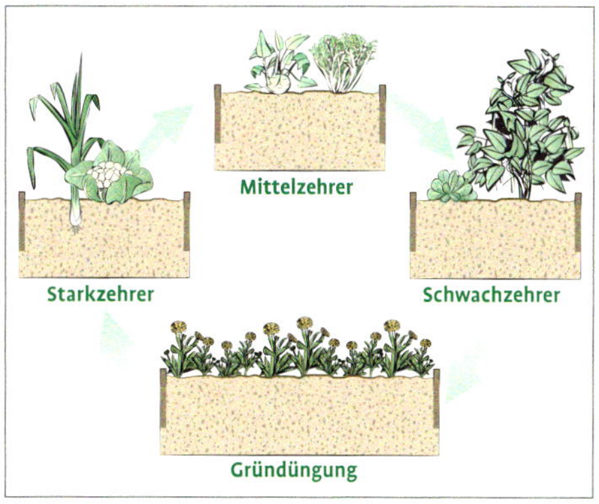

Im ersten Jahr werden Stark-, im nächsten Mittel-, dann Schwachzehrer als Leitkulturen ins Beet gesetzt. Wer vier oder mehr Beete hat, schließt eine Gründüngung in die Rotation ein.

Gesunder Boden durch Fruchtwechsel

Neben dem Kombinieren verschiedener Pflanzen auf einem Beet erhalten auch Fruchtfolge oder Fruchtwechsel den Boden gesund. So gleichen Pflanzen, die durch ihre Rückstände den Boden anreichern, den Anbau von solchen Pflanzen aus, die dem Boden fast nur Nährstoffe entziehen. Krankheiten und Schädlinge reichern sich nicht im Boden an, da sich die Verhältnisse jedes Jahr ändern.

Eine Fruchtfolge können Sie auch im kleinen Garten anlegen. Schon mit drei Beeten ist das Rotieren der Anbauflächen möglich. Im vierten Jahr steht dann wieder die gleiche Pflanzenkombination auf den Beeten wie im ersten Jahr der Fruchtfolge. Natürlich können Sie auch mehr als drei Beete in die Fruchtfolge einbeziehen. Je besser Sie jedoch ihren Mischkulturengarten planen und darauf achten, dass Schwachzehrer oder den Boden verbessernde Pflanzen neben Starkzehrern stehen, desto weniger Gedanken müssen Sie sich um die richtige Fruchtfolge machen. Innerhalb eines Gartenjahres entsteht ja schon eine ausgewogene Mischung, die den Boden nicht auslaugt.

Tomaten und Stangenbohnen als Ausnahmen

Tomaten können mehr als zehn Jahre hintereinander auf demselben Platz angebaut werden – vorausgesetzt, der Boden ist humusreich und nicht mit den pilzlichen Erregern der Korkwurzel- oder Welkekrankheit angereichert. Auch Stangenbohnen können Sie jahrelang auf dem gleichen Gartenstück anbauen. Feste Vorrichtungen aus Stahl oder Holz zum Stützen der Tomaten und Hochwinden der Bohnen können über den Winter stehen bleiben und jedes Jahr wieder für die gleiche Kultur benutzt werden.

Mangold wächst unten schmal und oben breit: So kann man die Reihen pflegen, ohne Wege anlegen zu müssen.

Dicht an dicht.

Die meisten Nutzgärten sind heute in Beete aufgeteilt. Aber auch das Bewirtschaften einer durchgängigen Fläche hat seine Vorteile. Das System stammt von Gertrud Franck, Vorreiterin der Mischkultur in Deutschland.

Mischkultur in Reihen

Die Beobachtungen, dass Pflanzen sich gegenseitig positiv beeinflussen, stammen von der Pionierin der Mischkultur, Gertrud Franck. Sie war die erste, die in jahrzehntelanger Praxis ihre Erfahrungen notierte und daraus ein einfaches System ausarbeitete, das für andere Gärtner leicht nachvollziehbar ist. Charakteristisch für ihre Art zu gärtnern ist, dass nicht auf Beeten mit Rändern gearbeitet wird, sondern auf einem zusammenhängenden Gartenstück. Wird der bestellte Boden für Pflege oder Ernte betreten, werden die entstandenen Trittspuren beim Rückwärtsgehen wieder mit der Hacke aufgelockert.

Die Pionierin

In ihrem Garten auf der Schwäbischen Alb machte Gertrud Franck unerklärliche Beobachtungen, die sich jährlich wiederholten. Manche Pflanzen gediehen in bestimmten Kombinationen besser und in anderer Nachbarschaft schlechter. Schließlich wurde es ihr zur Gewissheit, dass die Pflanzen sich gegenseitig beeinflussten. Nun begann sie, systematisch zu experimentieren, die im Laufe der Zeit gewonnenen Einsichten zu kontrollieren und mit biologischen Abläufen aus der ungestörten Natur zu vergleichen. So konnte sie in ihrem Garten ein gut durchdachtes Mischkulturensystem erarbeiten. Gleichzeitig ahmte Gertrud Franck mit der dazugehörigen Bodenpflege durch Bodenbedeckung und Flächenkompostierung sowie durch passende Vor-, Nach- und Untersaat geeigneter kurzlebiger Pflanzen ein Stück Natur nach, das keinen unbesiedelten, leeren Boden duldete. Der Garten dankte es ihr durch konstante Bodenfruchtbarkeit und gesunde Erträge.

Ihre Impulse für den Anbau von Mischkulturen im Klostergarten der Abtei Fulda und die entsprechenden Versuche dazu führten zu einer fruchtbaren Zusammenarbeit zwischen Gertrud Franck und den Schwestern der Abtei Fulda.

Zwischen den Gemüsereihen kann man mit Pflanzenresten mulchen.

AUS DEM NOTIZBUCH VON

Sr. Christa

RADIESSCHEN-SAMEN FÜR DAS NÄCHSTE JAHR

Können Sie nicht alle Radieschen ernten, lassen Sie einige so lange auf dem Feld, bis sie Samen bilden. Aus diesen können Sie im nächsten Jahr wieder Radieschen aussäen.

Das ABC der Mischkultur

Entsprechend ihrer Reifezeit und Kulturdauer teilte Gertrud Franck alle für ihren Garten infrage kommenden Gemüsearten in drei verschiedene Gruppen ein:

A-KULTUREN sind solche mit langer Wachstumszeit. Sie beanspruchen ihren Platz im Garten etwa ab Mitte Mai bis zum Ende des Jahres. Dazu gehören Tomaten, Stangenbohnen, Gurken, Spätkohlarten.

B-KULTUREN sind Pflanzen, die entweder nur in der ersten oder zweiten Hälfte des Vegetationszeitraums Platz benötigen. Sie werden genau zwischen zwei A-Reihen angelegt. Das sind Zwiebeln, Erbsen, Lauch, Möhren, Frühkohl, Buschbohnen.

C-KULTUREN sind Pflanzen mit kurzer Kulturführung bis zur Ernte. In C-Reihen können jeweils mehrere Kulturen aufeinanderfolgen. Zu ihnen gehören frühe Möhren, Salate, Kohlrabi, Radieschen, frühe Rettiche.

So geht's im Hausgarten

Bereiten Sie das Land für Aussaat und Pflanzung vor, sobald der Boden im März genügend abgetrocknet ist. War der Boden über den Winter mit Mulch bedeckt, so rechen Sie jetzt die Reste ab. Der Boden wird gelockert, die obere Schicht mit einem Karst oder Rechen fein zerkrümelt und das ganze Land vorbeugend gegen Pilzkrankheiten mit 1:10 verdünnter Acker-Schachtelhalm-Brühe überbraust. Dann werden die Reihen gezogen und das Gartenstück je nach Plan bestellt.

Für manche Kleingärten ist das Franck‘sche Schema vielleicht zu streng geplant, oder der Garten ist zu klein, um es konsequent durchzuführen. Es gibt aber auch die Möglichkeit, jeweils einige Reihenmischkulturen zusammenzustellen, die dem eigenen Bedarf besonders entgegenkommen.

Spinat als Grundlage

Nach dem Mischkultursystem von Gertrud Franck wird im Frühjahr der ganze Garten mit Spinat mit je 50 cm Abstand von Reihe zu Reihe eingesät.

Durch diese Spinat-Einsaat ist der Garten eingeteilt, außerdem hat das Blattgemüse positive Wirkungen auf Boden und andere Pflanzen. Zwischen die Spinatreihen werden dann nach und nach die geplanten A-, B- und C-Kulturen angelegt. Ein Gartenstück von 2 m Breite entspricht dann dem Schema unten.

In den Reihen, die für die späteren A-Kulturen freigelassen wurden, können Sie auch Senf einsäen. Er beschattet und durchwurzelt den Boden und hält ihn unkrautfrei. Ist es Zeit die A-Kultur, in diesem Fall die Tomaten, zu pflanzen, hacken Sie den Senf einfach aus und lassen ihn als Bodenbedeckung liegen.

Auch den Spinat hacken Sie aus, sobald er zu schießen beginnt. Er bleibt ebenfalls als Flächenkompost liegen. Vorher können Sie natürlich laufend davon ernten. Zwar wird ein normaler Haushalt den vielen Spinat kaum bewältigen können – vielleicht haben Sie ja Abnehmer in der Nachbarschaft oder eine große Gefriertruhe. Seine eigentliche Aufgabe ist hier die Bodenverbesserung.

Einmal planen, immer verwenden

Das Besondere an diesem System ist, dass der einmal ausgearbeitete Gartenplan jedes Jahr wieder verwendet werden kann. Die einzige Bedingung: Die Reihen müssen Sie jeweils um 25 cm verschieben. So kommen die Hauptkulturen im Folgejahr auf Spinatreihen des Vorjahres. Durch den verrotteten Flächenkompost haben sie hier bestmögliche Bedingungen und in den Zwischenreihen sorgen nun der Spinat und der später aufgebrachte Flächenkompost dafür, dass die Gartenkulturen im folgenden Jahr wieder optimale Start- und Wachstumsbedingungen haben.

Gut für alle

Spinat wirkt sich mit seiner weichen saponinhaltigen Wurzel äußerst günstig auf die Bodenstruktur aus. Er keimt und wächst schnell, kann also rasch den Boden beschatten. Außerdem ist er eine hervorragende Vorkultur für fast alle Gemüsearten mit Ausnahme von Roten Beten und Mangold, die zur gleichen Familie gehören.

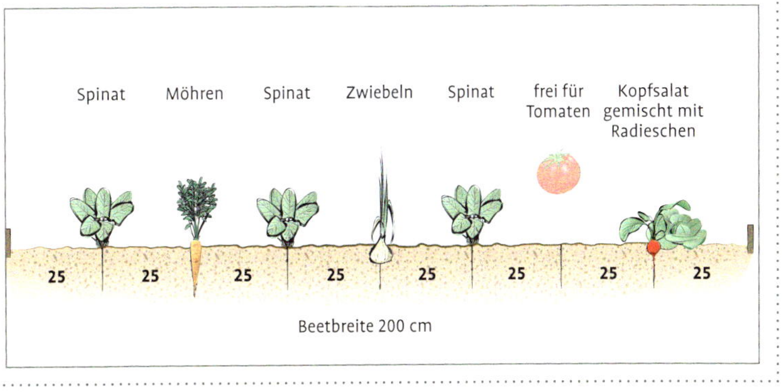

Querschnitt durch ein Reihenmischkultur-Beet im Frühjahr mit A-, B- und C-Kulturen sowie Spinat als Lückenfüller.

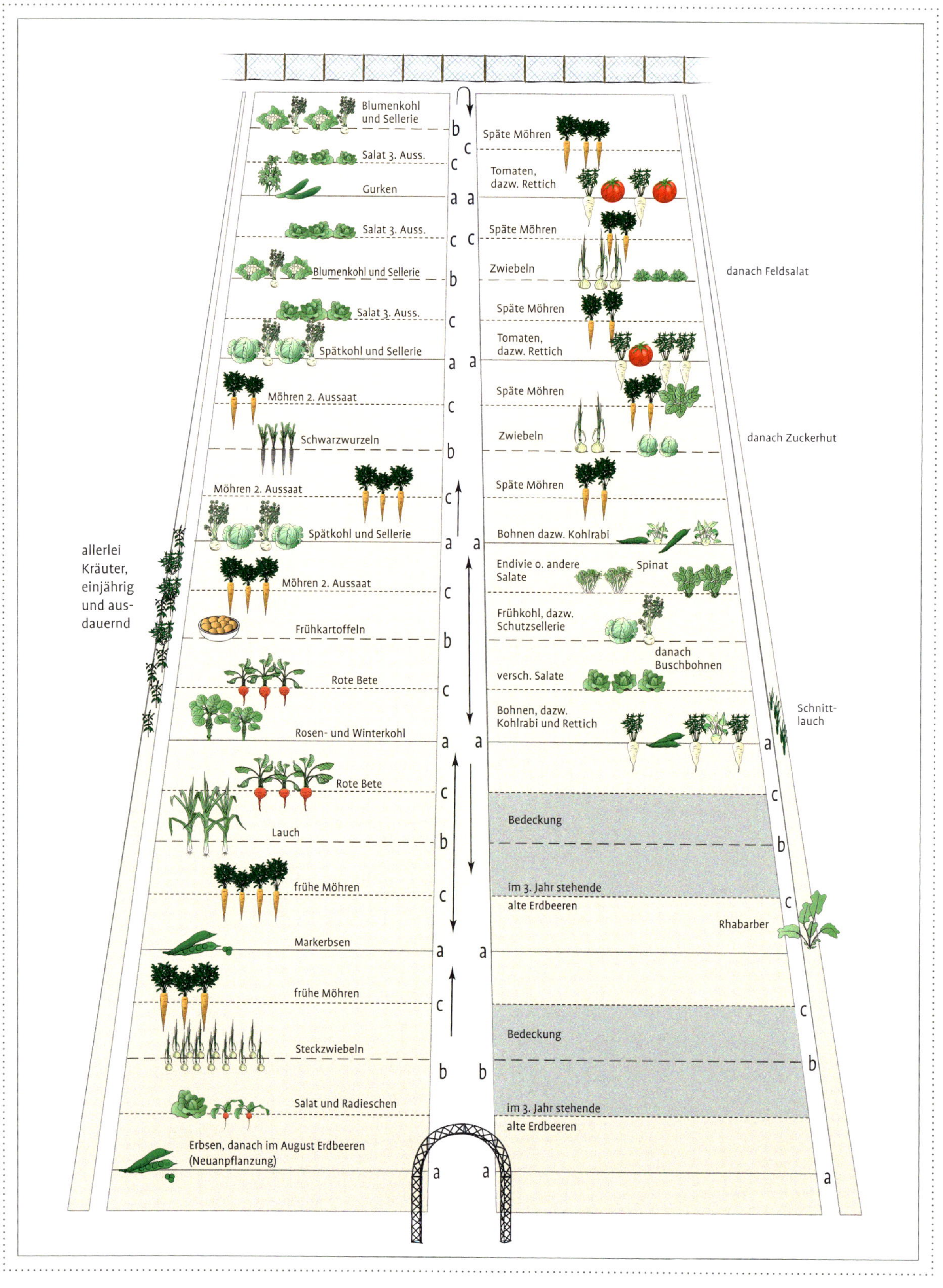

Der Mischkulturenplan für Getrud Francks Garten. Die Gemüsereihen haben jeweils 50 cm Abstand.

Im nächsten Jahr verschieben sich die Abstände dann wieder um 25 cm, sodass mit Vor- und Nachkulturen und winterlicher Gründüngung stets eine ausgewogene Mischung entsteht.

Metallschilder zum Markieren der Reihen können das ganze Jahr im Freien bleiben.

Kohl – Tomaten

Sie können ernten:
Spinat oder Melde, Dicke Bohnen, Salat, Radieschen, Möhren, Zwiebeln, Tomaten, Blumen- oder Kopfkohl, Sellerie, Ringelblumen, Rote Bete, Endivie, Fenchel, Chinakohl

Ausgegangen wird von einem Gartenstück mit 4 m Länge. Bei größeren Gärten und mehr Bedarf wiederholt man die Reihen.

März

Säen Sie drei Reihen Spinat im Abstand von nur je 25 cm. Der Spinat ist hier die Vorkultur für den später zu pflanzenden Blumenkohl und Sellerie. Im Anschluss daran säen Sie den Spinat dann nur noch in jede zweite Reihe, also jeweils im Abstand von 50 cm.

Gleichzeitig mit Spinat oder Melde säen Sie jeweils in die Zwischenreihen: Dicke Bohnen, frühen Salat zusammen mit Radieschen, frühe Möhren und Zwiebeln. Auf das restliche etwa 1,25 m breite Stück Land bringen Sie breitwürfig Senf aus. Dieses Stück bleibt für die Tomaten, die erst in der zweiten Maihälfte nach draußen kommen, reserviert.

April/Mai

Zu dieser Zeit hacken Sie auf dem ersten Stück (drei Reihen Spinat im Abstand vom 25 cm) die mittlere Spinatreihe aus. Die Pflanzen lassen Sie auf dem Boden liegen und ziehen sie etwas zur Seite. In diese Reihe pflanzen Sie nun Blumen- oder Kopfkohl im Abstand von jeweils 1 m in der Reihe. Etwa zwei Wochen später, also in der zweiten Maihälfte, kommt in die Zwischenräume Knollensellerie, sodass sich in dieser Reihe Blumenkohl bzw. mittelfrüher Kopfkohl mit Sellerie abwechselt. Der Abstand von Reihe zu Reihe beträgt 50 cm. Mittlerweile ist auch der übrige Spinat ausgehackt und liegt als Bodenbedeckung zwischen den Reihen. Radieschen und Salat werden laufend geerntet, ihre Reihe weist schon große Lücken auf. Die Tomaten pflanzen Sie nach den Maifrösten in die Mitte des Stückes, das mit Senf eingesät war, im Abstand von 60 cm zueinander. Auf beiden Seiten der Tomatenpflanzen säen Sie Ringelblumen.

Guter Ersatz

Statt Spinat hat sich die Melde hervorragend für diese Vor- und Zwischensaaten bewährt. Sie gehört zur selben Pflanzenfamilie wie der Spinat, ist aber etwas robuster und wird nicht von Mehltau befallen. Außerdem kann sie noch geschnitten und verwertet werden, wenn sie geschossen ist. Die Triebspitzen sind sehr zart und keinesfalls bitter wie beim geschossenen Spinat.

Juni/Juli

Nun sind der Blumenkohl, der Kopfkohl und der Sellerie herangewachsen. Zwischen den Reihen haben Sie nach und nach eine Bodenbedeckung aufgebracht. Das können Rasenschnitt oder zerkleinerte Gartenabfälle sein. Über diese Schichten können Sie bequem laufen, wenn Pflegearbeiten wie Düngen oder Gießen anstehen, ohne den Boden festzutreten. Möhren und Zwiebeln sind ebenfalls herangewachsen und benötigen kaum noch Pflege. Es sei denn, der Regen bleibt lange Zeit aus. Dann müssen Sie wässern. Auf Radieschen und Salat folgen **Rote Bete**, die inzwischen schon auf 15 bis 20 cm in der Reihe vereinzelt wurden. Die Dicken Bohnen sind erntereif und werden zweimal in der Woche durchgepflückt.

August

Nach Ernte der Dicken Bohnen können Sie nun **Herbst-Radieschen** an diesen Platz säen und **Endiviensalat** im Abstand von 50 cm in der Reihe pflanzen. Bis zum Ende des Monats sind auch die Möhren und Zwiebeln geerntet. Dort, wo die Möhren standen, pflanzen Sie nun **Knollenfenchel** im Abstand von 25 cm. Auf den Platz, an dem die Zwiebeln standen, kommt **Chinakohl** mit einem Pflanzabstand von 60 cm zueinander in der Reihe. Blumenkohl und Frühkohl sind nun ebenfalls geerntet und der Sellerie hat genügend Platz, sich auszubreiten. Pflücken Sie von den Tomaten ständig die sich rötenden Früchte, kommen die meisten davon zur Reife, bevor die Tage wieder kühler werden.

Oktober

Zum Herbst räumen Sie die Tomaten ab. Als nächstes ernten Sie die Rote Bete, dann die Radieschen, zwischendurch wird immer wieder Endiviensalat zum jeweiligen Gebrauch entnommen. Sellerie und Knollenfenchel folgen und schließlich. Bevor stärkere Fröste zu erwarten sind, müssen Sie auch den Chinakohl hereinholen. Das ganze Gartenstück kann dann aber noch eine **Senfeinsaat** als Gründüngung erhalten.

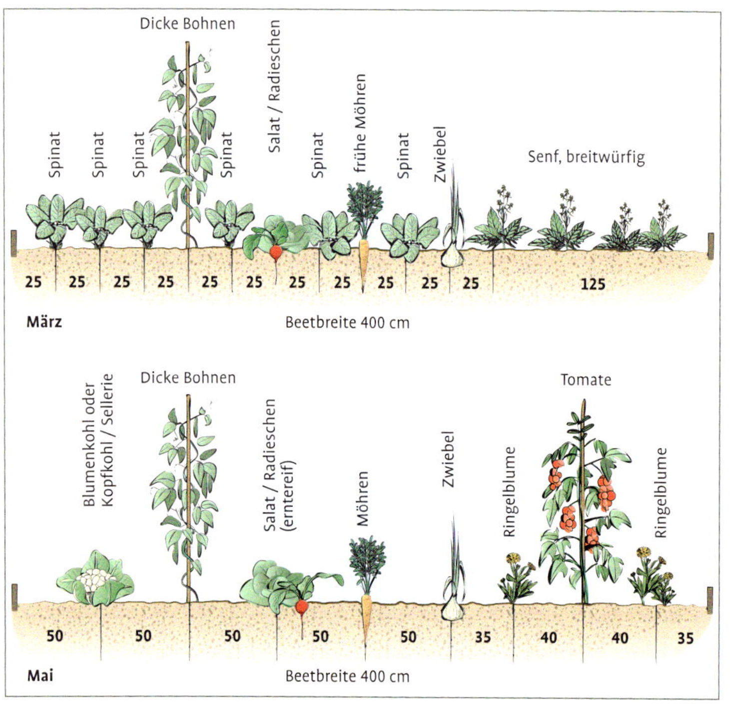

Kohl und Tomaten mit Begleitkulturen: Querschnitt durch ein Beet im März und Mai.

Ziel der Mischkultur ist ein dauerhaft begrüntes Gemüsebeet. Wo etwas abgeräumt wurde, wird sofort nachgepflanzt und gesät.

Tomaten – Grünkohl

Sie können ernten:
Feldsalat, Spinat oder Melde, Salat, Erbsen, Möhren, Zwiebeln, Kohlrabi, Gurken, Basilikum, Bohnen, Tomaten, Lauch, Grünkohl oder Rosenkohl, Endivie

März

Im Frühling stehen am Rand noch zwei Reihen Feldsalat, die im Herbst des vergangenen Jahres gesät wurden, und warten auf die Ernte. Auf einem Stück von 1 m Breite einschließlich der Feldsalatreihen säen Sie nun breitwürfig Melde, gemischt mit Ackerbohnen. Hier soll im Mai eine Reihe Gurken gelegt werden. Etwa 25 cm von der Melde entfernt säen Sie eine Reihe Eichblattsalat, danach im Abstand von 25 cm eine Reihe frühe Erbsen. Für frühe Erbsenaussaaten eignen sich die Palerbsensorten, die auch tiefere Temperaturen vertragen. Man erkennt sie am glatten, runden Samenkorn, während die wärmebedürftigeren Markerbsen geschrumpfte Körner ausbilden. Nun können die Möhren und Steckzwiebeln folgen, ebenfalls mit 25 cm Abstand zueinander. Zwischen Erbsen und Möhren bleibt zunächst noch eine Reihe frei für frühe Kohlrabi, die Sie am besten als vorgezogene Jungpflanzen setzen. Schließlich fügen sich noch drei Reihen Spinat im Abstand von 25 cm als Vorkultur für Buschbohnen an. Der letzte Meter wird wieder mit Senf eingesät und für eine Tomatenreihe reserviert.

Mai

Nun ist der Feldsalat geerntet, die Melde wurde – nachdem sie einige Mahlzeiten geliefert hat – zusammen mit der Ackerbohne entfernt. Auf dieses erste Stück, 50 cm vom Rand entfernt, setzen Sie nun nach den Eisheiligen die Gurken.

Ringelblumen kann man in den Anbauplan aufnehmen oder einfach zwischen die Gemüsereihen säen.

Bewährt hat es sich, zunächst einen kleinen etwa 10 cm hohen Wall aus Mistkompost oder nährstoffreichem Gartenkompost aufzuschichten. Auf diesen Wall pflanzen Sie die vorgezogenen Gurkenpflanzen im Abstand von je 40 cm zueinander. Gleichzeitig setzen Sie **Basilikum** rechts und links entlang der Gurken im Abstand von 20 cm zur Gurkenreihe. Haben Sie genügend Basilikumpflanzen, so setzen Sie das Kraut jeweils in die Zwischenräume zwischen den Gurkensetzlingen, also auch jeweils alle 40 cm. So können die Gurken später um das Kraut herumranken und werden vor Mehltau geschützt. Eichblattsalat, Möhren und Zwiebeln sind herangewachsen, der Salat liefert laufend schmackhafte Blätter für die Küche. Auch den Spinat können Sie mittlerweile ernten, dafür eine Reihe **Buschbohnen** säen.

Bei der Bohnensaat legen Sie entweder alle 8 bis 10 cm ein Bohnenkorn in die Rille, sodass die Pflanzen später einzeln in ungefähr gleichmäßigem Abstand stehen, oder Sie säen in Horsten, alle 40 cm fünf bis sieben Bohnen. Der Ertrag ist bei beiden Varianten ungefähr gleich. Damit die Bohnensamen besser keimen, sollten Sie sie vorher zwölf Stunden in Kamillentee einweichen. Auf das letzte Stück kommen wie im ersten Beispiel **Tomaten**, die wieder von **Ringelblumen** gesäumt werden.

Juni

Im Frühsommer hat sich das Gartenbild erneut gewandelt: Eichblattsalat und Kohlrabi sind geerntet, die herangewachsenen Erbsenhülsen können laufend gepflückt werden. Soweit organisches Material vorhanden ist, sollten Sie dieses zwischen die Reihen als Bodenbedeckung aufbringen. Alle anderen Gemüsearten sind herangewachsen und warten teilweise schon auf die Ernte. Zwar ist seit Mai keine Gemüseart neu hinzugekommen, aber allein durch das schnelle Wachstum während dieser Zeit hat das Gartenstück nun ein ganz anderes Erscheinungsbild.

August/September

Im Spätsommer zeigt sich uns wieder ein anderes Bild. Die Erbsen sind geerntet und **Winterlauch** hat ihren Platz eingenommen (Pflanzung bis 20. Juli). Auch die Buschbohnen sind inzwischen abgeräumt; an ihrer Stelle steht nun **Grünkohl** (Alternative: **Rosenkohl**), der im Abstand von 35 cm zueinander in der Reihe gepflanzt wurde. Und auf die frei gewordenen Zwiebel- und Möhrenreihen folgt **Endiviensalat** im Abstand von 40 cm zueinander.

Wenn Ende August auch die Gurken das Feld geräumt haben, können Sie dort noch **Spinat** oder **Feldsalat** säen. An den Tomaten reifen laufend Früchte nach, die gepflückt werden wollen. Sie können bei warmer und trockener Witterung noch bis in den Oktober hinein stehen. Endiviensalat kann bis zu den ersten Frösten draußen bleiben und Winterlauch sogar bis zum jeweiligen Gebrauch.

Spätherbst

Geht das Gartenjahr auf den Spätherbst zu, bietet der Mischkulturenanbau Möglichkeiten, den Boden für das nächste Frühjahr fruchtbar zu halten. Dafür säen Sie Senf, sobald eine Gemüsereihe abgeerntet ist. Für andere Grüneinsaaten ist es ab November zu spät, doch den schnell keimenden Senf können Sie im Falle eines milden Dezembers bei Plusgraden säen. Vorher müssen Sie die Reihen von Unkraut befreien und den Boden mit einem Kultivator lockern.

Ist es auch für die Einsaat von Senf zu spät, können Sie auf diese Streifen eine Mulchdecke von etwa 5 cm aufbringen. Dafür eignen sich Bohnen- und Erbsenstroh (wenn möglich gehäckselt), Kartoffel-, Tomatenkraut oder sonstige Pflanzenabfälle. Diese geben durch ihr Verrotten dem Boden viele Nährstoffe zurück. Anstelle dieser Gartenabfälle können Sie auch halbreifen Kompost ebenfalls etwa 5 cm hoch über die unbedeckten Flächen ausstreuen.

Wenn nach und nach alles abgeerntet ist, halten **Grün-** oder **Rosenkohl** sowie **Winterlauch** die Stellung. Grün- und Rosenkohl müssen Frost abbekommen, bevor sie richtig schmecken. Deshalb bleiben sie draußen und werden je nach Bedarf geerntet. Lauch kann ebenfalls im Garten bleiben, wird aber mit Fichtenreisig bedeckt. Die Reihen, auf denen der Lauch überwintert, sind für die Frühjahrsaussaat von Möhren bestens vorbereitet. Die Möhrenfliege wird sie meiden! Da Sie bei Schnee und starkem Frost nicht ernten können, holen Sie am besten bei Bedarf vorher einige Stangen in den Lagerraum und bedecken diese wie das übrige Gemüse mit Sand. Schließlich bleiben bis zum Frühjahr noch zwei robuste Blattgemüse: Feldsalat braucht keine Abdeckung, Winterspinat wird leicht bedeckt. Im Frühjahr werden noch vorhandene Rückstände der Gründüngung und der Bodenbedeckung abgeräumt, der inzwischen verrottete Kompost eingeharkt und die neue Gartenbestellung kann beginnen.

In so vielfältig bepflanzten Gemüsegärten finden Nützlinge Nahrung und Unterschlupf.

Kein Umgraben nötig

Ein Mischkulturgarten kommt dank dem Mulchen und der Kombination von Pflanzen, die verschieden tief wurzeln, ohne Umgraben aus.

Lieben, was man tut

„Mischkultur ist so eine schöne Möglichkeit zu Gärtnern. Seit über 40 Jahren können wir auf diesem schönen Stück Land beobachten, wie der Boden fruchtbar bleibt und immer gesünder wird."

Erfahrung, einen Gemüsegarten mit Mischkultur zu bewirtschaften, hat Margarete Langerhorst aber noch viel länger. Ihr 2013 verstorbener Mann Jakobus, gelernter Gärtner, schrieb in den 1970er-Jahren für eine Zeitschrift über biologischen Gartenbau. Dabei kam er mit Gertrud Franck in Kontakt, die im Heft Artikel über ihre Erfahrungen mit Mischkultur verfasste. Die Langerhorsts wurden neugierig und besuchten die Gärtnerin in ihrem Garten. Es entstand ein enger Kontakt. Über viele Jahrzehnte tauschten die Familien Wissen und Erfahrungen aus und besuchten sich gegenseitig in ihren Gärten, denn Langerhorsts hatten inzwischen von der Gärtnerei, in der sie arbeiteten, ein Stück Land zu Verfügung gestellt bekommen, um dort Gemüse anzubauen. Natürlich mit Mischkultur …

„Gertrud Franck war damals schon 80 Jahre alt und froh, dass junge Leute sich für Mischkultur interessierten." Und dann auch noch solche, die Interesse daran hatten, diese Art des Gärtnerns bekannter zu machen. Bei einem der Besuche bei Gertrud Franck lernten sie auch Schwester Christa kennen.

Achtsames Arbeiten: Margarete Langerhorst beschriftet alle Töpfe sorgfältig.

||–» NEUBEGINN MIT ZUKUNFT

1973 kaufen Margarete und Jakobus Langerhorst das 3,5 Hektar große Grundstück in Waizenkirchen im österreichischen Hausruckviertel und begannen, dort auf 2500 m² Gemüse für die siebenköpfige Familie anzubauen. Gearbeitet wird ohne Maschinen und nur mit pflanzlichen Düngern, also Kompost und Gründüngung. Zusätzlich wird mit Spinat als Vorsaat der Nährstoffvorrat im Boden wieder ausgeglichen. „Wir haben hier Kompost, da geht einem das Herz auf", freut sich Margarete Langerhorst.

Obstwiesen mit Aussicht auf dem Grundstück der Langerhorsts.

EIN PAAR TIPPS

Beschäftigen Sie sich damit, was zu Ihrem Garten passt. Jede Fläche ist unterschiedlich. Das bezieht sich nicht nur auf den Boden, auch Sonnenstand, Klima und Bepflanzung auf den Nachbarflächen spielen eine Rolle. Und natürlich der Mensch, der die Fläche bewirtschaftet.

Beobachten Sie die Pflanzen genau. Wie entwickeln sie sich? Welche Sorte wächst besonders schnell oder hat eine lange Erntezeit? Wo stehen Sämlinge zu dicht nebeneinander? Oder fällt eine Kultur womöglich ganz aus und muss ersetzt werden?

Buchführung: Alles, was man im Garten beobachtet, hilft einem in den nächsten Jahren: Welche Gemüsearten und -sorten habe ich ausgesät und wann? Wann wurden sie ausgepflanzt und wo? Welche entwickeln sich gut, welche möchte ich im nächsten Jahr lieber ersetzen?

||–» BUCHFÜHRUNG FÜR DEN GARTEN

Am besten gelingt die Mischkultur, wenn man sich möglichst nah an der Natur orientiert. Dort wachsen alle Pflanzen nebeneinander, manchmal auch nacheinander. Monokulturen gibt es nicht. Also wird der Boden auch nicht einseitig ausgelaugt. Sich ausschließlich nach Listen zu richten, wer neben wem stehen darf, findet die hochgewachsene Frau allerdings weniger wichtig. Stattdessen gibt sie Gärtnern drei Tipps mit auf den Weg (siehe Kasten links).

Zur Buchführung gehört natürlich auch die Planung, also das Schema, welche Kulturen wann in den Reihen stehen sollen. „Das plant man am besten auf dem Papier. Und weil ich schon ein älteres Semester bin, mache ich es mit Lineal, Bleistift und Radiergummi“, schmunzelt die Gärtnerin. „Aber mit dem Computer geht es natürlich genauso gut.“

Steht das System einmal, kann man es jedes Jahr wieder verwenden. Oder eben anpassen. So veränderten die Langerhorsts das

System der Reihenkultur, wie sie es bei Getrud Franck gesehen hatten. „Wir haben fünf Kinder, außerdem waren noch zwei Nachbarbuben oft bei uns“, erinnert sich die gelernte Hauswirtschafterin. „Wir wollten, dass sie jederzeit zu uns kommen können und dafür brauchten wir ein System, wo leicht zu erkennen ist, wo man hintreten kann.“ Also wurden Kleewege eingeführt, die aber nicht nur aus praktischen Gesichtspunkten eine Bereicherung sind.

Die Pflanzen reichern den Boden mit Stickstoff an, außerdem verdichtet er nicht, wenn man darüberläuft. Außerdem verschlämmt der Boden selbst bei starken Regenfällen nicht. Wo er in sensiblere Gemüsearten wie Möhren oder Salat hineinwächst, wird er weggehackt. Der Klee auf den Wegen wird regelmäßig geschnitten und dient dann als Mulchmaterial.

Die Streifen aus Klee zwischen den Gemüsereihen dienen als Wege und Gründüngung.

||–» MIT FARBEN SPIELEN

Etwa 50 verschiedene Kulturen verteilt Margarete Langerhorst im Winter auf dem Papier. Dabei spielt nicht nur gärtnerisches Wissen eine Rolle, auch die Optik soll stimmen. Ihr Liebling ist der Salat, den sie als Zuckerhut, Endivie, Pflücksalat, Kopf- und Eissalat anbaut – insgesamt in über 20 Sorten. „Ich setze dann Sorten in unterschiedlichen Farben nebeneinander, das sieht so schön aus und ersetzt mir den Blumengarten“, schwärmt sie. „Vom Land zu leben setzt Wissen, Können und Einsatzbereitschaft voraus. Aber ich bin überzeugt davon, dass die Arbeit angenehmer ist, wenn die Atmosphäre in einem Garten stimmt. Wenn Menschen dort gerne arbeiten, fällt auch die Ernte besser aus. Dazu trägt natürlich auch bei, wenn die Umgebung dem Auge Abwechslung bieten kann.“ Wie abwechslungsreich es im Garten der Langerhorsts zugeht, können Besucher bei Führungen erfahren. Zu den wöchentlichen Sonntagsterminen kommt ein buntes Volk aus Touristen, Gärtnern und Kunden der Gemüsekisten zusammen, das Vorwissen ist so unterschiedlich wie die Interessen und Dialekte. „Da lernt jeder von jedem.“

Salat-Sorten in unterschiedlichen Farben sorgen für ein abwechslungsreiches Bild.

||–» VERSCHIEDENE FORMEN DER MISCHKULTUR

Die Besucher dürfen dann durch die verschiedenen Gartenstücke schlendern, die Namen wie Franck-Garten, Tomatenstück oder Indianergarten tragen. Im ersten wird nach dem Schema gearbeitet, das die Mischkultur-Pionierin entworfen hat. Im Indianergarten steht alles, was hoch hinaus will oder viel Platz braucht: Tomaten und Stangenbohnen an Stellagen aus Ästen, lange Reihen von Zuckermais bieten Halbschatten für Gurken und Melonen. Und sich ein Bild von dem Leben rund um das freundlich gelb gestrichene Haus der Familie machen.

Ab März beginnt die Anzucht. Salate, Kohlgemüse, Tomaten, Sellerie werden ausgesät, mit Datum und Sorte beschriftet und ins Gewächshaus gestellt. Ab Mitte April steht dann das Vorbereiten der Ackerflächen an: die Erde hacken, mit der Grabegabel flach abklopfen, Pflanzenreste abrechen, mit dem Kultivator krümeln, flach rechen und mit dem Reihenzieher die Abstände markieren.

Die Flächen sind mit Hecken voneinander getrennt. Bei näherem Hinsehen entpuppt sich ein Teil der Gehölzstreifen als Obstbäume, andere als Erlen, die bis zur Krone mit Kiwipflanzen überwuchert sind. Auch Beerensträucher gibt es.

Versteckt zwischen Bäumen und Weinreben liegt das Wohnhaus der Familie.

||–» DER NATUR ZUWENDEN

Also heißt es, den Sommer über Obst und Gemüse ernten, Karren schieben, Kisten packen, neue Pflanzen setzen oder aussäen, den Boden hacken und mulchen.

Im Herbst kehrt langsam Ruhe ein. Wintergemüse wird in den Keller gebracht, ihr Laub gleich auf dem Acker entfernt und als Kompost in der Reihe liegen gelassen. So bekommt der Boden zurück, was der Mensch nicht nutzen kann. „Genau da, wo es gewachsen ist, nimmt es der Boden wieder am bereitwilligsten auf, denn es ist sein eigenes, hier hervorgebrachtes Produkt."

Im Winter werden die Hecken geschnitten und erledigt, was das Gartenjahr über im Haus liegen geblieben ist. „Irgendwie ist der Winter immer zu kurz", lächelt Margarete Langerhorst. Beschweren würde sie sich über ihr Leben aber nie. Warum auch? „Ich liebe diese Arbeit. Schon als Kind habe ich Gartenarbeit liebend gern gemacht."

Immer wieder erlebt Margarete Langerhorst, dass Besucher überrascht sind, wie gut das Nebeneinander der unterschiedlichen Pflanzen funktioniert. „Ich will nicht missionieren oder die Leute überreden, auch so zu arbeiten. Aber ich möchte diese Art des Gärtnerns bekannter machen. Und wenn dann jemand interessiert ist und mehr wissen möchte, gebe ich gerne Anregungen." Aufgefallen ist ihr, dass sich in letzter Zeit mehr Menschen für das biologische Gärtnern interessieren. „Die Leute wenden sich wieder der Natur zu", sagt sie und lächelt glücklich …

Bild rechts: Die Jungpflanzen stammen aus eigener Anzucht.

SELBSTVERSORGERGARTEN LANGERHORST

GARTEN:	Bioveganer Gemüsegarten im Hausruckviertel (Österreich)
GRÖSSE:	zurzeit 1.600 m²
BESUCHEN:	Offene Führungen sonntags von Ende April bis Oktober. Grössere Gruppen können eigene Termine und Führungen mit unterschiedlichen Schwerpunkten vereinbaren.
INFORMIEREN:	www.gugerling.at und Tel. +43-676-4604127

Gewürzpflanzen wie Borretsch und Dill sind leicht zu ziehen und haben eine positive Wirkung auf Nachbarpflanzen.

Gesund für Garten und Mensch.

Pflanzen, mit denen man den Körper pflegt und gesundhält oder Speisen würzt, werden im allgemeinen Sprachgebrauch Kräuter genannt. Sie dienen jedoch nicht nur zur Gesunderhaltung des Körpers. Andere Gartenpflanzen und der Boden profitieren ebenfalls von ihren Inhaltsstoffen. Die folgenden Beschreibungen sind nach einjährigen und mehrjährigen Kräutern unterschieden.

AUS DEM NOTIZBUCH VON

Sr. Christa

BOHNENKRAUT GEGEN PLAGE-GEISTER

Ein Aufguss oder Tee aus Bohnenkraut können Sie wegen seiner Schärfe sogar als Spritzmittel gegen Hausungeziefer benutzen.

Majoran blüht bis in den Spätsommer hinein und zieht zahlreiche Insekten an.

Nur eine Saison: einjährige Kräuter

Einjährige Pflanzen keimen, wachsen, blühen und säen sich innerhalb eines Jahres aus. Diese Kurzlebigkeit kommt dem rasch wechselnden Bild im Mischkulturengarten sehr entgegen; viele von ihnen lassen sich ideal miteinander sowie vor oder nach den gewünschten Gemüsekulturen kombinieren.

Basilikum *(Ocimum basilicum)*

WIRKUNG: Setzen Sie Basilikum zu Gurkenpflanzen, können diese später um das Kraut herumranken. Sie tragen dann reich und werden vor Mehltau geschützt. Basilikum fördert außerdem das Wachstum von Zucchini, Tomaten und Fenchel.

ANZUCHT: Das wärmebedürftige Kraut säen Sie im März/April in Schalen oder Blumentöpfe aus und stellen diese ans Fenster eines mäßig warmen Zimmers. Basilikum ist ein Lichtkeimer und darf nur leicht angedrückt, aber nicht mit Erde bedeckt werden. Setzen Sie die frostempfindliche Pflanze erst nach den Eisheiligen ins Freiland.

Bohnenkraut *(Satureja hortensis)*

WIRKUNG: Bohnenkraut, im Volksmund wegen seiner Schärfe auch Pfefferkraut genannt, erhöht das Aroma von Bohnen, verbessert ihren Geschmack und hält sie weitgehend frei von Schwarzen Läusen. Salat und Rote Bete beeinflusst es ebenfalls günstig. Auch an den Rändern anderer Gemüsearten (Kohlrabi, Blumenkohl, Endivie) wirkt sein Duft günstig auf die Gesundheit der Nachbarpflanzen.

Auch bei weiß blühenden Borretschsorten sind Blätter und Stängel behaart.

ANZUCHT: Im März/April können Sie das Kraut vorziehen und später zwischen die Busch- und Stangenbohnen pflanzen. Günstiger ist es aber, direkt nach den Maifrösten ins Freiland zu säen. Es empfiehlt sich, jeweils nur wenig in 14-tägigen Abständen zu säen. Auf diese Weise haben Sie immer frisches Kraut zur Verfügung.

Borretsch *(Borago officinalis)*

WIRKUNG: Der Borretsch erweist sich als außerordentlich schädlingsabweisend bei Kohlrabi und anderen Kohlarten. Durch die haarigen Blätter wird er auch von Schnecken gemieden. Allerdings kann er in der Gemüsereihe durch seine enorme Wüchsigkeit und sein Durchsetzungsvermögen den Nachbarpflanzen schaden, deshalb wird er an die Ränder der Beete und Reihen verbannt. An den Rändern der Kartoffelreihen, Erbsen, Buschbohnen und bei Salat und Endivien hat er sich bei uns bewährt.
Da die blühende Pflanze eine ausgezeichnete Bienenweide ist, sollte jeder Bienenfreund eine Borretschpflanzung im Garten haben. Sogar Endivien- und Feldsalat können an Geschmack gewinnen, da man Borretsch auch im Herbst noch aussäen kann.

ANZUCHT: Eine Aussaat ist nur im ersten Jahr nötig, dann sät sich Borretsch selber aus und bleibt dem Garten lange treu. Ins Vorzuchtbeet können Sie ihn schon im Februar/März säen, ins Freiland einen Monat später sehr dünn, denn Sie brauchen nur wenige Pflanzen. Um immer frisches Grün ernten zu können, sollten Sie Folgesaaten bis in den Herbst hinein ausbringen.

Brennnesseln *(Urtica dioica)*

WIRKUNG: Vorteilhaft wirkt sich eine Brennnesselpflanzung auf alle Kräuter aus, deren Hauptwirkstoffe ätherische Öle sind. Dadurch steigert sich deren Gehalt an ätherischen Ölen. Ganz auffällig ist dies bei der Pfefferminze. Auch unter alternden Obstbäumen wirkt die Brennnessel belebend und wohltuend.

ANZUCHT: Brennnesseln können Sie reihenweise zwischen die Kräuter säen oder geschnittene Brennnesseln als Mulchmaterial um die Pflanzen legen.

Dill *(Anethum graveolens)*

WIRKUNG: Wegen seines guten Einflusses sollten Sie Dill zwischen das Gemüse säen, nicht auf ein eigenes Beet. Im Abteigarten in Fulda wird er vor allem Möhren als Auflaufhilfe mitgegeben. Dazu werden Dillsamen mit Möhrensamen etwa im Verhältnis 1:4 gemischt. Der keimende Dill bewirkt, dass auch die Möhrensamen gleichmäßiger und schneller keimen. Sobald der Dill die Möhren überragt, wird er herausgezogen und in der Küche verwendet.

Auch zwischen Gurken, Kohlarten, Rote Bete und Zwiebeln wirkt Dill sich vorteilhaft aus. Säen Sie ihn zwischen Dicke Bohnen, so finden kaum Schwarze Läuse zu den sonst für die Schädlinge so anfälligen Bohnen.

ANZUCHT: Dill wächst überall, und wo er sich einmal ausgesät hat, kommt er immer wieder. Er braucht viel Sonne und lockeren Boden. Geht er zu dicht auf, vereinzeln Sie die jungen Pflänzchen auf 30 bis 35 cm oder verwenden Sie die ausgezogenen Pflanzen direkt in der Küche. Wollen Sie vom Dill nur das

MULCH ODER MÜLL

Unkräuter, die sich leicht über Samen verbreiten, sollten Sie besser nicht zum Mulchen verwenden. Sie gehören in die Biotonne.

Kapuzinerkresse gibt es als rankende und kompakte Form.

Grün verwenden, ziehen Sie ihn schon im Juli heraus, verwenden ihn frisch oder frieren das klein gehackte Grün ein. Legen Sie Wert auf die Samenernte, so bleibt er bis zum September stehen. Die Samen sind reif, wenn sich die Dolden hellbraun verfärben.

Gartenkresse *(Lepidium sativum)*

WIRKUNG: Gartenkresse ist gerade im Frühjahr ein wichtiger Vitaminspender in der Küche. Sie ist im Garten wegen ihrer aggressiven ätherischen Öle aber nicht überall einsetzbar. Als Randpflanze auf einem Möhren-Erbsen-Beet ist sie jedoch zu empfehlen, weil sie die Möhrenfliege abhält. Auf Baumscheiben dient die Kresse der Abwehr von Läusen, auch Blutläusen. Zu Kopfsalat sollten Sie sie jedoch nicht säen, da sie ebenso wie die Petersilie den Salat zum Schießen bringen kann.

ANZUCHT: Gartenkresse können Sie Anfang April aussäen. Im Gegensatz zu anderen Kräutern braucht sie Feuchtigkeit und muss in trockenen Phasen gegossen werden. Säen Sie alle 14 Tage aus, können Sie laufend frische Blätter ernten.

Kamille *(Matricaria recutita)*

WIRKUNG: Kamille bereitet den Boden von Brachland, beispielsweise Bau- oder Ruderalflächen, für nachfolgende Gewächse auf. An den Rändern von Beeten mit Bohnen und Erbsen oder zwischen Salat und Spinat fördert Kamille die Widerstandskraft der Gemüsepflanzen gegen Pilzkrankheiten. Auch auf das Wachstum der Tomaten und auf das Aroma der Früchte hat die Kamille einen ausgesprochen günstigen Einfluss. Zu Blumen passt die Kamille schlecht. Ein Blumenstrauß, in welchen die Kamille eingebunden ist, wird schneller welken.

ANZUCHT: Je trockener und wärmer der Standort, desto höher ist der Gehalt an heilwirksamen ätherischen Ölen, die die Kamille entwickelt. Die Kamillepflänzchen werden im Herbst oder zeitigen Frühjahr neben das Gemüse gesät und zeitig in der Blüte zur Verwendung in der Hausapotheke geerntet und getrocknet.

Kapuzinerkresse *(Tropaeolum majus)*

WIRKUNG: Die aus Südamerika stammende Kapuzinerkresse ist mit ihren gespornten roten, orangen und gelben Blüten nicht nur eine Zierde im sommerlichen Garten, sondern hat noch viele andere gute Eigenschaften. Durch ihren etwas scharfen Geruch wehrt sie Schadinsekten, vor allem Läuse – die Blutlaus inbegriffen – ab und ist daher unter Obstbäumen ein nützlicher Gartenhelfer. Außer unter Obstbäume kann die Kapuzinerkresse auch an die Ränder von Stangenbohnen, Tomaten oder zwischen Kohlgewächse gesetzt werden. Greifen Sie dafür auf klein bleibende, eher bodendeckende Sorten

Majoran kann man bis zu dreimal im Jahr zurückschneiden.

der Art zurück. Aus den Blättern und Stängeln der Kapuzinerkresse kann außerdem ein Auszug zur Bekämpfung der Schildlaus hergestellt werden.

ANZUCHT: Wenn die Nachtfröste nicht mehr drohen, säen Sie sie in Abständen von 10 cm ins Freiland, wo sie sich auch selbst immer wieder aussät. Wer eher blühende Pflanzen haben will, muss sie vorziehen und nach den Eisheiligen auspflanzen. Sie blüht von Juli bis Oktober. Wurde sie vom ersten Herbstfrost vernichtet, lassen Sie sie im Beet als Bodendecke zur Bildung der Frühjahrsgare liegen.

Kerbel *(Anthriscus cerefolium)*

WIRKUNG: Kerbel eignet sich gut als Mitsaat zu Salat, Endivien und Kohlrabi. Er fördert das Wachstum, schützt vor Mehltau, Läusen, Schnecken und soll durch seinen intensiven Geruch Ameisen vertreiben.

ANZUCHT: Säen Sie am besten schon Ende März/Anfang April ziemlich dicht in Kästen oder Schalen oder direkt ins Freiland. Er ist nicht besonders frostempfindlich. Im Freiland dauert es jedoch zwei Wochen, bis die ersten Keimlinge kommen. Schon nach sechs Wochen können Sie die zarten Blätter schneiden, die jetzt am besten schmecken. Allerdings wächst der Kerbel nicht nach, wenn er im jungen Stadium geschnitten wird. Säen sie ihn deshalb am besten alle zwei Wochen zwischen Salat und Endivien aus. Soll er größer werden oder wollen Sie die Samen ernten, ist ein Abstand 30 cm zur nächsten Salat- oder Endivienpflanze passend. In den Zwischenräumen können Sie im Frühjahr die schnell wachsenden Radieschen unterbringen. Bis der Kerbel viel Platz braucht, sind sie geerntet.

Knoblauch *(Allium sativum)*

WIRKUNG: Knoblauch ist wegen seines durchdringenden Geruches der beste Freund der Rose und darf unter den Kräutern, die den Garten gesund halten, nicht fehlen. Er wirkt Schimmel abwehrend zwischen Erdbeeren, zwischen Möhren schützt er vor Sklerotiniafäule und hält die Möhrenfliege noch sicherer ab als Zwiebeln. Klein geschnittene Zehen schützen vor Vogelfraß, wenn sie in knospenden Büschen aufgehängt werden. Um Lilien und junge Obstbäume gesetzt, hält Knoblauch Wühlmäuse ab, unter Pfirsichbäumen schützt er vor der Kräuselkrankheit, neben Rosen intensiviert er deren Duft.

ANZUCHT: Besorgen Sie sich kleine Steckzwiebeln, sogenannte „Zehen", und legen Sie diese im März/April oder im September/Oktober auf 20 bis 30 cm Abstand in gut gelockerten, mit reifem Kompost versorgten Boden. Für eine Herbstpflanzung eignet sich abgeerntetes Hülsenfruchtland gut.

Königskerze *(Verbascum thapsus)*

Wirkung: Mit ihren langen Pfahlwurzeln können sie Bodenverdichtungen aufbrechen. Überall dort, wo sie sich ansiedelt, darf sie deshalb auch stehen bleiben.

Anzucht: Königskerzen siedeln sich oft von selbst dort an, wo der Boden hart und verfestigt ist. Aus einer grundständigen Blattrosette treibt sie 1 bis 1,50 m hohe Blütenschäfte, die sich je nach Art mehr oder minder stark verzweigen können. Die Blattrosetten mit ihrem grauen Filzbelag sind oft genauso schön wie die Blütenstände. Die Pflanzen lieben trockene, sonnige Standorte, vertragen aber auch vorübergehend leichte Beschattung. Wenn sie sich nicht selbst im Garten ansiedeln, säen Sie sie im Frühling und verpflanzen sie dann im Frühherbst oder im nächsten Frühjahr an den vorgesehenen Platz. An Wegen, vor Mauern und neben Rosen steht sie besonders günstig.

Majoran *(Origanum majorana)*

Wirkung: Majoran ist ein ausgesprochenes Bienenkraut. Deshalb passt er gut in die Nähe von Obstbäumen. Da Ameisen einen großen Widerwillen gegen Majoran haben, können Sie ihn auch dort pflanzen, wo die kleinen Tiere ihren Bau angelegt haben. Sie werden vor seiner Nachbarschaft bald Reißaus nehmen.

Anzucht: Die Anzucht ist nicht ganz einfach. Die Samen sind Lichtkeimer und dürfen nicht mit Erde bedeckt werden. Wird unter Glas im Februar/März ausgesät, können Sie den Majoran im Mai/Juni auf 20 cm Abstand auspflanzen. Benutzen Sie dafür eine Holzpinzette und setzen Sie zwei bis vier der winzigen Pflänzchen in ein Pflanzloch. Im Garten braucht Majoran einen sonnigen Platz. Mit Zwiebeln verträgt er sich ausgesprochen gut. Vorgezogene Majoran-Pflänzchen stehen gut am Rand von Zwiebelreihen.

Petersilie *(Petroselinum crispum)*

Wirkung: Bei der Petersilie unterscheidet man zwischen Wurzel- und Blattpetersilie. Durch den intensiven Petersilienduft werden die Radieschen weitaus weniger von Schädlingen befallen. Umgekehrt erleichtert der schnell aufgegangene Radieschensamen die Kulturarbeiten an der Petersilie, die wie die Möhre eine lange Keimzeit hat.
Beide Petersilienarten haben einen günstigen Einfluss auf den Geschmack von Tomaten, wenn Sie sie zwischen die Reihen oder an deren Ränder setzen. Die Tomaten geben dem Würzkraut Beschattung, dieses wiederum verbessert das Aroma der Früchte. In manchen Fällen hat sie auch schon gegen Schnecken geholfen. Für schwache Nachbarpflanzen ist die Petersilie allerdings ein schlechter Partner. Ihre aggressiven ätherischen Öle bringen den Kopfsalat oft vorzeitig zum Schießen.

Anzucht: Beide Petersilienarten brauchen nahrhaftes, mit gutem Kompost versorgtes Land und sollten so früh wie möglich ausgesät werden. Im März/April ist eine Markiersaat mit Radieschen sehr zu empfehlen.

Imposante Gestalt: Sagt ihr der Standort zu, sät die Königskerze sich bereitwillig aus.

Baldrian hat attraktives Laub. Genutzt werden Blüten und Wurzeln.

Gekommen, um zu bleiben: ausdauernde Kräuter

Ausdauernde oder mehrjährige Pflanzen treiben jedes Jahr wieder aus Pflanzenteilen im Boden aus. Dadurch sind sie in der Mischkultur weniger flexibel einsetzbar. Doch auch unter ihnen gibt es einige, auf deren Hilfe Sie nicht verzichten sollten.

Baldrian *(Valeriana officinalis)*

WIRKUNG: Baldrian ist ein gutes Zwischenkraut für jedes Gemüse. Pflanzen Sie ihn zu beiderseitigem Nutzen zwischen Buschbohnen oder Erbsen im Abstand von 30 bis 40 cm oder auch zwischen die Frühkartoffelreihen. Aus den Blüten können Sie Baldrianblüten-Extrakt selbst herstellen. Er fördert die Blütenbildung, stärkt Pflanzen gegen Frost und kann als Saatgutbeize verwendet werden (siehe Seite 87).

ANZUCHT: Ausgesät wird der Baldrian Ende März oder im April, am besten in Saatkästen. Die Samen sind Lichtkeimer, aber so winzig, dass sie im Beet oft zwischen Erdteilchen rieseln und dann vom Licht abgeschnitten sind. Die vorgezogen Pflanzen setzen Sie mit 60 cm Reihenabstand auf das Beet. Dazwischen können Sie jedes Jahr andere Gemüsekulturen anpflanzen. Eine leichte Dillzwischensaat ist zu empfehlen.

Estragon *(Artemisia dracunculus)*

WIRKUNG: Vom Estragon, der in keinem Garten fehlen sollte, wissen wir, dass er günstig auf das Aroma vieler Nachbarpflanzen einwirkt. Besonders wohltuend ist seine Nähe für Buschbohnen, Buscherbsen, Gurken, Wintersalat, Winterspinat und Baldrian. Negative Kombinationen mit ihm sind nicht bekannt.

ANZUCHT: Am günstigsten bepflanzen Sie den Rand eines Gemüsebeetes mit Estragon. Im Laufe der Jahre kommen dann unterschiedliche Gemüsearten in den Genuss seiner Nachbarschaft. Auf einem separaten Kräuterbeet hat er seinen Platz neben dem Baldrian.

Lavendel *(Lavandula angustifolia)*

WIRKUNG: Als Begleitpflanze zu Rosen hat sich der Lavendel besonders bewährt, da er die Läuse von den Rosen abhält und durch seinen Geruch auch Ameisen vertreibt. Die blauen, ährenförmig angeordneten Blüten passen außerdem farblich gut zu allen Rosensorten. Eine sehr dichte Lavendelhecke vermag sogar die Zuwanderung von Schnecken zu unterbinden. Als Beeteinfassung zusammen mit anderen Kräutern ist er sehr nützlich. Wie andere blühende Kräuter ist auch der Lavendel eine hervorragende Bienenweide.

ANZUCHT: Wie viele unserer Heilkräuter stammt der Lavendel aus dem Mittelmeerraum. In unserem Klimagebiet gedeiht er ebenfalls, erreicht jedoch nicht den intensiven Duft und hohen Gehalt an ätherischen Ölen wie in den warmen, trockenen Gebieten Europas. Im Garten wünscht er einen sonnigen und kalkhaltigen Standort.

Löwenzahn

(Taraxacum sect. Ruderalia)

WIRKUNG: Löwenzahn kann mit seinen langen Pfahlwurzeln Eisen aus tieferen Bodenschichten nach oben befördern und für Bäume, die an Eisenmangel leiden, verfügbar machen.

ANZUCHT: Pflücken Sie im Frühjahr die gelben Blütenköpfe täglich ab, sobald sie aufgeblüht sind. So bildet der Löwenzahn keine Samen und breitet sich nicht auf Flächen aus, auf denen er nicht erwünscht ist.

Meerrettich *(Armoracia rusticana)*

WIRKUNG: Meerrettich putzt durch seine Schärfe nicht nur den Rachen aus, sondern hilft auch im Garten gegen Pilzkrankheiten. Sein Platz ist daher unter Obstbäumen, die leicht von Spitzendürre (Monilia) befallen werden, beispielsweise unter Sauer-Kirschen.

ANZUCHT: Am einfachsten ist die Pflanzung der „Fechser" (etwa bleistiftstarke Wurzelschnittlinge) in kleine Erdwälle aus einer Mischung von lockerer Gartenerde und reifem Kompost. Für den kleinen Garten genügen auch kleine Erdhügel, etwa an den Ecken des Kartoffelstückes, denn seine Wurzeltätigkeit schafft einen Ausgleich im Boden gegen Kartoffelkrankheiten. Die geeignete Pflanzzeit ist März. Pflanzen Sie auf Erdwälle, so ist ein Abstand von 30 cm in der Reihe empfehlenswert.

Pfefferminze *(Mentha × piperita)*

WIRKUNG: Pfefferminze pflanzen Sie am besten unter Obstbäume. Die ganze Pflanze wird nach und nach zur lebendigen Bodenbedeckung für den Baum, vor allem im zweiten und dritten Jahr. Setzen Sie Zitronenmelisse und Kapuzinerkresse dazu, wird kein Unkraut mehr durchkommen. Pfefferminze und Kartoffeln fördern sich gegenseitig. Wer Brennnesseln im Garten hat, kann sich leicht Samen davon aufheben und diesen zwischen die Pfefferminze säen. Dadurch erhöht sich ihr Gehalt an Aromastoffen.

ANZUCHT: Die Pfefferminze gedeiht auch im Halbschatten unter Bäumen recht gut, solange sie genug Feuchtigkeit erhält und die Bäume nicht von Blattläusen befallen sind. Durch die Läuse tropft oft der klebrige Honigtau auf die Blätter, Rußtaupilze siedeln sich an und die Pfefferminze ist zum Schneiden und Trocknen kaum mehr zu gebrauchen. Deshalb sollten Sie immer auch einige Pflanzen an einem sonnigen Platz im Garten haben, um frische, saubere Blätter ernten zu können. Da die Pfefferminze mehrere Jahre, die Kartoffel nur jeweils ein Jahr den Platz beansprucht, setzen Sie die Minze am besten an die Ränder der Kartoffelreihen. Nur müssen Sie beim Pflanzen ihren Ausbreitungsdrang einkalkulieren.

Pimpinelle *(Sanguisorba minor)*

WIRKUNG: Pimpinelle wirkt stark entgiftend, deshalb sind die Pflanzen in ihrer Nachbarschaft sehr gesund. Sie lässt sich aber auch auf Außenbereiche von Baumscheiben sowie in Kübel von Hochstämmchen säen oder pflanzen. Dort verhilft sie der Kübelpflanze zu gesundem Wuchs und schützt die Erde vor dem Austrocknen.

ANZUCHT: Säen Sie sie ab April ins Freiland. Sobald die Keimlinge sichtbar sind und sich fassen lassen, müssen Sie sie ausdünnen, denn zu dicht stehende Pflanzen gedeihen schlecht. Im Freiland

AUS DEM NOTIZBUCH VON

Sr. Christa

SCHNECKENMAGNET

Meerrettich übt eine starke Anziehungskraft auf Gartenschnecken aus, seine Wüchsigkeit und Blattmasse verkraften den Fraß jedoch recht gut. Dafür können Sie unter den großen Blättern bequem morgens und abends die Schnecken absammeln.

Beim Rückschnitt von Salbei schneidet man möglichst nicht zu tief ins alte Holz.

sollten zwischen der Pimpinelle und dem Mischkulturpartner mindestens 20 cm Abstand sein. In der Praxis wird sie meist an die Ränder gesät, weil sie als mehrjähriges Kraut schlecht in die jährlich wechselnde Mischkultur hineinpasst.

Rosmarin *(Rosmarinus officinalis)*

WIRKUNG: Mit Lavendel und Weinraute kann er zum Schutz gegen Ameisen und andere Schadinsekten zwischen Stauden und Rosen oder als Beetumrandung gepflanzt werden.

ANZUCHT: Rosmarin ist sehr frostempfindlich und muss in unseren Breiten in einem frostfreien Raum überwintert werden. Den Sommer über steht er an einem sonnigen Platz im Garten.

Salbei *(Salvia officinalis)*

WIRKUNG: Sein herber Duft wehrt vor allem Kohlweißlinge und Schnecken ab. Die Wirkung wird noch verstärkt, wenn Sie Salbei zusammen mit Thymian um Kohlbeete herum platzieren. Unter Obstbäumen ist Salbei jedoch fehl am Platz. Hier bekommt er selbst nicht genug Sonne und er schadet den Bäumen eher als dass er nützt.
ANZUCHT: Salbei stellt keine besonderen Ansprüche an den Boden, umso mehr an Sonne und Wärme. An einer nach Süden gerichteten Hauswand oder im Steingarten ist er gut aufgehoben. Das silbergraue Laub macht sich auch gut als Beet- oder Wegeinfassung.

Schnittlauch *(Allium schoenoprasum)*

WIRKUNG: Das Würzkraut steht gut an den Rändern der Möhrenreihen, da es noch wirksamer als Zwiebeln und Lauch die Möhrenfliege fernhält. Auch getrockneter, zerriebener Schnittlauch, an den Reihen entlang gestreut, hält die Schädlinge ab und verhilft zu madenfreien Möhren. Wenn der Schnittlauch in die Blüte übergeht, sind die Röhren zwar nicht mehr zu gebrauchen, aber die hübschen violetten Blüten machen sich als Wegeinfassung bestens und locken Bienen und Hummeln in den Garten.

ANZUCHT: Schnittlauch wird im April in Horsten von etwa 20 bis 30 Samen gesät. Ungefähr vier Wochen nach der Aussaat kann zum ersten Mal geerntet werden. Pflanzen Sie einzelne Horste von etwa 5 cm Durchmesser in 20 cm Abständen als Rand an Gemüsebeeten entlang.

Morgens sind die Blätter der Pimpinelle zusammengeklappt und mit Tau besetzt.

Thymian *(Thymus vulgaris)*

WIRKUNG: Durch den breiten Wuchs lässt sich Thymian ideal als lebende Mulchschicht verwenden.

ANZUCHT: Der Gartenthymian bevorzugt wie sein „wilder“ Verwandter (*Thymus serpyllum*) leicht erwärmbare Böden in sonniger Lage. Für Steingärten eignet er sich hervorragend, aber auch als Weg- und Beeteinfassung zusammen mit Ysop (*Hyssopus officinalis*) und Lavendel. Pflanzen Sie die Setzlinge in 30-cm-Abständen, Thymian breitet sich stark aus. In den folgenden Jahren sät er sich selber aus, Sie können den Samen aber auch sammeln.

Mit ihrem marmorierten Laub passt diese Zitronenmelisse gut zwischen Gemüse und Stauden.

Wermut *(Artemisia absinthium)*

WIRKUNG: Wermut schützt Schwarze Johannisbeeren vor dem Johannisbeersäulenrost und fördert das Wachstum der Beerensträucher. Im Kräuterbeet gedeihen Salbei und Schafgarbe in seiner Nähe. Ansonsten übt er einen hemmenden Einfluss auf Nachbarpflanzen aus.

ANZUCHT: Säen Sie Wermut ab März in Töpfe oder Schalen aus und stellen Sie ihn auf die Fensterbank. Von älteren Stöcken können Sie auch Stecklinge oder Risslinge abtrennen und diese in Erde setzen und so lange feucht halten, bis sie Wurzeln gezogen haben. Ab Mitte Mai kann der Wermut ins Freiland. Düngen Sie ihn sparsam, das erhöht das Aroma.

Zitronenmelisse *(Melissa officinalis)*

WIRKUNG: Zitronenmelisse eignet sich ebenso wie die Pfefferminze gut als Bodenbedeckung unter Bäumen. Ihre angenehme Würze wirkt nicht nur verbessernd auf das Aroma der Früchte, sondern hält auch Ungeziefer fern und zieht die zur Befruchtung notwendigen Bienen an. Die Zitronenmelisse selbst kommt dabei aber nicht ganz auf ihre Kosten und wird zudem oft noch von heruntertropfendem Honigtau verklebt, sodass noch einige Pflanzen an einem sonnigen Platz stehen sollten, um Blätter von hoher Qualität ernten zu können.

ANZUCHT: Melisse liebt tiefgründigen, nährstoffreichen Boden. Sie können sie ab Mai an Ort und Stelle aussäen und später vereinzeln. Besser ist es, sie in Töpfen oder Schalen vorzuziehen, da sie gleichmäßige Feuchtigkeit und Temperatur während ihrer Keimzeit benötigt. Gepflanzt wird sie nach den Eisheiligen ab Mitte Mai. Durch die Vorzucht haben Sie erheblich früher kleine Pflanzen, von denen Sie schon einzelne Blätter ernten können. Um die Gesundheit der Melisse zu erhöhen, können Sie bei der Aussaat einige Dillsamen dazwischenstreuen.

Günstige und ungünstige Kombinationen mit Kräutern

Pflanzenart		Günstige Nachbarschaft	Ungünstige Nachbarschaft
Anis	⊙	Möhren, Brennnesseln	nicht bekannt
Baldrian	♄	Buschbohnen, Brennnesseln, Dill, Erbsen, Frühkartoffeln, Kohlarten	Wermut
Basilikum	⊙	Gurken, Tomaten, Fenchel, Zucchini, Brennnesseln	Wermut
Brennnesseln	♃	Baldrian, Basilikum, Beerensträucher, Obstbäume, Pfefferminze, Majoran, Salbei, Senf	keine bekannt
Bohnenkraut	⊙	Bohnen, Rote Bete, Salat, Mangold	keine bekannt
Bergbohnenkraut	♄	Ränder von Bohnenreihen, Ränder von Gemüsebeeten	Wermut
Borretsch	⊙	Buschbohnen, Erbsen, Salat, Kohlarten (Ränder), Kartoffeln	Gemüsebeete
Comfrey/Beinwell	♃	eigenes Beet	Gras
Dill	⊙	Baldrian, Bohnen, Gurken, Möhren, Kohl, Rote Bete, Salat, Spargel, Zwiebeln	Wermut, Salbei
Estragon	♄	Bohnen, Erbsen, Gurken, Liebstöckel, Salat, Spinat; da mehrjährig, besser an die Ränder pflanzen	keine bekannt
Fenchel	⚇	Basilikum, Gurken, Salat	Kümmel, Bohnen, Tomaten, Wermut, Kohlrabi
Gartenkresse	⊙	Beerensträucher, Erdbeeren, Möhren, Obstbäume, Radieschen, Spinat, Tomaten	Kopfsalat
Kamille	⊙	Kartoffeln, Lauch, Rosenkohl, Sellerie, Tomaten, Zwiebeln, Zucchini	Stauden, Sommerblumen
Kapuzinerkresse	⊙	Bohnen, Kohl, Lilien, Rosen, Tomaten, Baumscheiben, Beerensträucher	keine bekannt
Kerbel	⊙	Salat, Gurken	Radieschen (werden scharf)
Knoblauch	⊙	Erdbeeren, Kräuter, Lilien, Rosen, Möhren, Obstbäume (besonders Pfirsiche), Tomaten, Tulpen, Wein, Zwiebeln	keine bekannt
Königskerze	⚇	Beetränder, verhärteter Boden	keine bekannt
Kümmel	⚇	Bohnen, Erbsen, Spinat, Gurken, Kamille, Kartoffeln, Petersilie, Salat, Rote Bete, Sellerie	Fenchel, Kohl, Wermut
Lavendel	♄	Rosen, Lilien, Iris	Wermut
Liebstöckel	♃	Einzelplatz oder zu Estragon, Wein	Wermut
Majoran	⊙	Brennnesseln, Gurken, Zwiebeln, Zucchini	Wermut
Malven	⊙	Kartoffeln, Staudenbeete oder Ränder	Wermut
Petersilie	⊙	Erdbeeren, Möhren, Winterlauch, Tomaten, Zwiebeln, Schnittlauch	Salat, Rote Bete
Pfefferminze	♃	Brennnesseln, Kartoffeln, Obstbäume, Erdbeeren, Tomaten, Salat, Kohl, Rosen	Wermut
Pimpinelle	♃	Beetränder, sorgt für Entgiftung des Boden	keine bekannt
Rosmarin	♄	zwischen Stauden und Rosen, Beetumrandung	Wermut
Salbei	♄	Wermut, Kohl (Ränder), Brennnesseln	Muskateller-Salbei, Obstbäume, Salat
Schnittlauch	♃	Ränder der Möhrenreihen, Pimpinelle, Petersilie, Tomaten, Obstbäume	Bohnen, Wermut
Schnittsellerie	⊙	Kohl, Rettich	Sellerie
Senf	⊙	Beerensträucher, Brennnesseln, Tomaten, Dahlien, Erdbeeren, Obstbäume, Rittersporn, Spinat, Taglilien, Tomaten	Kohl bei leichten Böden, Kreuzblütler
Thymian	♄	Möhren, Kohl (Beetränder), Stauden, Rosen	Wermut
Weinraute	♃	Staudenrabatten, Rosen	Wermut
Wermut	♄	Johannisbeeren, Salbei, Schafgarbe	Basilikum, Fenchel, Ysop, Kümmel, Liebstöckel, Zitronenmelisse, Obstbäume
Ysop	♄	Thymian, Salbei, Lavendel	Wermut
Zitronenmelisse	♃	Wein, Pfefferminze, Brennnesseln, Obstbäume	Indianernessel, Wermut

⊙ *Einjährig,* ⚇ *Zweijährig,* ♃ *Mehrjährige Staude,* ♄ *Mehrjähriger Halbstrauch*

Echt heilsam

„Eigentlich waren die ersten Mischkultur-Kombinationen solche mit Kräutern. Warum sollten Pflanzen, die eine heilende Wirkung auf Menschen haben, nicht auch Pflanzen schützen können?"

Walahfrid hat Spuren hinterlassen. Sie bestehen aus rechteckigen, mit roh bearbeiteten Brettern umrahmten Beeten, in denen Kräuter wachsen, die in mittelalterlichen Klostergärten angebaut wurden. Einem Kräutergarten eben, wie er im 10. Jahrhundert, zur Zeit von Walahfrid Strabo, in jedem Klostergarten zu finden war.

Sein Name wird meist mit der Insel Reichenau in Verbindung gebracht, wo er Abt des dortigen Klosters wurde und 840 den Hortulus – Das Buch über die Gartenpflege – verfasste. In Fulda besuchte er die Klosterschule, weswegen ihm im Garten der Abtei zur Hl. Maria ein Bereich gewidmet ist.

Alles gut auffindbar: Im Kräutergarten der Abtei Fulda herrscht eine durchdachte Ordnung.

Zu Zeiten Walahfrids dienten die Kräuter zur Heilung kranker Menschen. Ein Kräutergarten musste gut sortiert und beschildert sein, damit die rettenden Pflanzen in Notfällen schnell zu finden waren. Auf die Idee, mit ihnen andere Gewächse gesund zu halten, kam man erst viel später. Im Kloster Fulda hatten die Schwestern mit einem Kräuterpulver experimentiert, das die Pflanzen enthält, die im biologisch-dynamischen Anbau zu Präparaten verarbeitet werden. In Versuchen bemerkten sie, dass die Wirkung von den Kräutern selber ausgeht, nicht von derer Verarbeitung. Das große Pflanzen begann …

||–» WIE KRÄUTER BEIM GÄRTNERN HELFEN

Heute blitzen im großen Gemüsebeet vor der ockergelben Hauswand rote Erdbeeren neben drei langen Reihen Minzpflanzen hervor. Wobei von Reihen kaum noch die Rede sein kann, die ehemals kleinen Minze-Pflänzchen haben sich zu einem dichten Teppich verwoben. „Alle drei bis vier Jahre werden sie ausgegraben,

Die Blüten der Nachtkerzen verströmen einen süßlichen Duft und sind beliebte Futterpflanzen für Nachtfalter.

geteilt und an anderer Stelle aufgepflanzt", erklärt Schwester Christa. In ihrer Lust am Wachsen stehen sie den Erdbeeren in nichts nach.

Die Erdbeeren, vielmehr die Nachkommen der jetzigen Pflanzen, ziehen dann mit um. Sie verlieren nach zwei Jahren ihre Kraft und bilden nur noch wenige oder sehr kleine Früchte. Die Minze wird dreimal im Jahr geschnitten. Wie fast alle Kräuter, die hier im Klostergarten wachsen, werden sie nach dem Schnitt zum Trocknen auf den Teeboden gebracht und zu Teemischungen verarbeitet, die im Klosterladen verkauft werden. Dass Erdbeeren und Minze direkt nebeneinander stehen hat aber auch einen tieferen Sinn: Das frisch duftende Würzkraut sorgt bei vielen Obst- und Gemüsearten dafür, dass der Geschmack intensiver wird.

||–» BLÜTENSEGEN

Zwischen Kräuterspirale und Gemüse hat sich Majoran breitgemacht. „Der wuchert zwar ziemlich, aber wir lassen ihn gerne stehen, weil er eine tolle Insektenweide ist. Wie viele Schmetterlinge wir hier immer beobachten können …", lächelt Schwester Christa. Auch im Bohnenkraut schwirrt und brummt es zur Blütezeit kräftig. „So werden Bestäuber in den Garten gezogen und das Verhältnis aus Nützlingen und Schädlingen bleibt ausgeglichen."

Schon früh im Jahr schieben sich die ersten Blätter von Baldrianpflanzen aus der Erde. Im Sommer nicken ihre zartrosa Blütenköpfe dann zwischen dem Gemüse. „Früher haben wir Baldrian in der freien Natur gesammelt. Aber die Flächen sind inzwischen zugebaut oder trockengelegt. Die Blüten haben so eine gute Wirkung auf das Gemüse, und aus den Wurzeln kann man Tee herstellen – es ist ein Segen, dass Baldrian hier im Garten so gut wächst."

Im Klostergarten wachsen Minze, Gewürzfenchel und Königskerzen neben und in den Gemüsebeeten.

Was wäre ein Nutzgarten ohne Obstbäume und -sträucher? Eine Unterpflanzung mit Minze und Tagetes stärkt sie auf natürliche Weise.

Fruchtbares Vergnügen.

Pflücken, reinbeißen, Süße schmecken – kaum etwas bringt solchen Genuss wie der Anbau von Obst im eigenen Garten. Dazu ist alles frisch und so bio, wie Sie es sich wünschen. Beerensträucher und Obstbäume stehen zwar viele Jahre am selben Platz. Darunter und dazwischen können Sie aber Mischkulturen anlegen.

Fruchtfolge im Obstgarten

Muss ein Obstgehölz aus dem Garten entfernt werden, gilt die Regel: Kernobst nicht nach Kernobst, Steinobst nicht nach Steinobst.

Obst und Mischkultur

Im Gegensatz zu Gemüse und Kräutern werden Obstgehölze über viele Jahre beerntet. Weil die Pflanzen jedes Jahr zuverlässig wieder austreiben, wird oft vergessen, dass auch sie Pflege benötigen. Dazu gehört das Düngen ebenso wie das Schaffen einer gesunden und vielseitigen Umgebung.

Stehen mehrere Obstgehölze im Garten, beeinflussen diese sich zwar kaum untereinander, dafür spielt die Unterpflanzung eine wichtige Rolle. Eine positive Wirkung haben Ringelblumen und Kapuzinerkresse. Kurzlebigere Obstarten wie Erdbeeren und Rhabarber können Sie dagegen in die wechselnde Beetbepflanzung des Gartens einbeziehen.

Süße Früchte: Erdbeeren

Die beste Pflanzzeit für Erdbeeren ist der August. Lockern Sie vorher die Erde und mischen Sie nährstoffreichen Kompost darunter. Die Pflanzen oder gut bewurzelten Ausläufer setzen Sie in Abständen von 30 bis 40 cm in die Reihe. Von Reihe zu Reihe hat sich ein Abstand von 1 m bewährt. So bleibt bis in den Winter hinein Platz für Zwischenpflanzungen.

Sowohl in neu angelegte Erdbeerbeete als auch in solche aus dem Vorjahr können Sie im August Herbst- und Wintergemüse einsäen. Als Nachbarn eignen sich Winterkopfsalat, Gartenkresse, Spinat und vor allem Feldsalat. Letzterer gehört zu den Baldriangewächsen, deren Wirkstoff indirekt über die Aktivierung der Regenwürmer die Erdbeere fördert. Er durchwurzelt das Erdreich und hält den Boden locker und feucht. Im Winter ist er ein guter Schneefänger, der die Erdbeeren vor Frostschäden schützt. Den gleichen Effekt erreichen Sie auch mit Spinateinsaaten. Stecken Sie im Frühjahr Steckzwiebeln in die Zwischenreihen, schützen diese die Erdbeeren vor Grauschimmel. Auch eine Bodenbedeckung aus klein geschnittenem Stroh hilft, Grauschimmel zu vermeiden.

Waldkinder: Himbeeren und Brombeeren

Als Pflanzen, die aus dem Wald stammen, vertragen diese Gewächse leichten Halbschatten. Die Beeren werden jedoch in voller Sonne größer und aromatischer; Hitze und Trockenheit vertragen sie allerdings schlecht. Stehen sie mindestens 3 m von Obstbäumen entfernt, konkurrieren die Gehölze nicht um Nährstoffe. Schön und zweckmäßig sind Himbeer- und Brombeerpflanzungen, wenn Sie die Pflanzen entlang eines Zaunes als Hecke setzen. Sie schützen den Garten vor Wind und bilden einen Sichtschutz. Günstig stehen die fruchttragenden Hecken an der Ost- oder Westseite des Gartens, also in Nord-Süd-Richtung.

Im Gegensatz zu anderen Gehölzen pflanzen Sie Himbeeren am besten im Frühjahr. Geht dies nicht, ist Oktober der spätestmögliche Zeitpunkt.Geben Sie den Pflanzen dann einen leichten Winterschutz – das kann angehäufelte Erde oder eine Abdeckung aus Laub oder Stroh sein.

Auf Erdwälle pflanzen

Sie können Himbeeren auch auf Erdwälle setzen. Auf 1 m Erdwall passen drei Pflanzen. An den schrägen Seiten des Hügels gepflanzte Küchenkräuter und Salate bringen doppelten Nutzen. Diese Unterkultur schützt den Boden und die Pflanzen bereichern sich gegenseitig in Geschmack und Aroma. Hier haben sich bewährt: Feldsalat, Schnittsalat, Schnittlauch, Lavendel, Ysop, Thymian, Zitronenmelisse, Ringelblumen oder Tagetes.

Reife Brombeeren erkennt man an einer tiefschwarzen Färbung und prallen, kugelig gewölbten Einzelfrüchten.

Johannisbeeren sind Flachwurzler. Als lebende Mulchschicht kann man Wald-Erbeeren darunter setzen.

Runde Sache: Johannisbeeren und Stachelbeeren

Bei jüngeren Beerensträuchern können Sie die Zwischenräume problemlos mit einer Untersaat füllen. Im Frühjahr können das Sommerwicken oder Lupinen sein, im Herbst Winterwicken. Empfehlenswert ist auch eine Brennnesseluntersaat. Schneiden Sie diese vor der Blüte und lassen die Pflanzenteile als Mulchschicht liegen. Den Boden unter älteren Sträuchern bedecken Sie am besten ganzjährig mit Mulch. Als bleibende Partner zwischen den Sträuchern sind Rainfarn und Wermut zu empfehlen. Letzterer schützt vor allem Schwarze Johannisbeeren vor dem Johannisbeersäulenrost.

AUS DEM NOTIZBUCH VON

Sr. Christa

Guter Start für Johannisbeeren

Flächen, auf die Sie Johannisbeersträucher pflanzen möchten, können Sie mit Bohnen, Erbsen, Wicken oder Lupinen verbessern.

NICHT AUSSAMEN LASSEN

Denken Sie daran, die gelben Blütenköpfe vor der Samenbildung zu entfernen. Sonst erobert der Löwenzahn leicht den ganzen Garten.

Bis ins hohe Alter: Obstbäume

Obstbäume sollen sich an ihrem Standort lange Zeit wohlfühlen und ebenso lange reichen Ertrag bringen. Dafür ist eine mit fördernden Kräutern und Blumen bepflanzte Baumscheibe hilfreich. Diese Unterpflanzung können Sie natürlich alle paar Jahre wechseln. Die Tabelle in diesem Kapitel gibt einen Überblick, welche Blumen und Kräuter für welche Gehölze geeignet sind und welche eher nicht. Dennoch sollen zwei Pflanzen genauer betrachtet werden.

Löwenzahn gegen gelbe Blätter

Leidet Ihr Obstbaum durch Eisenmangel an gelben Verfärbungen der Blätter (Chlorosen), können Sie sie durch Löwenzahn heilen. Graben Sie dafür im Frühjahr junge Pflanzen aus der Wiese aus und setzen Sie sie auf die Baumscheiben. Blätter und Blüten des Löwenzahns sind von alters her ausgezeichnete Heilmittel für Mensch und Tier. Da wundert es kaum, wenn seine Wurzelnähe auch unseren Bäumen den nötigen Eisengehalt des Bodens aufschließt, der oft wegen Kalküberschuss für die Pflanzen nicht aufnehmbar ist.

Ein gesunder Apfelbaum bietet Menschen Nahrung und zahlreichen Insekten einen Lebensraum.

Lupinen unter Obstbäumen

Dass einjährige Lupinen eine ausgezeichnete Gründüngungspflanze für Obstanlagen sind, ist schon länger bekannt, auch dass Staudenlupinen den Wuchs und die Gesundheit von Waldbäumen deutlich steigern. Aber auch unter einzelnen Obstbäumen wirken Staudenlupinen wachstumsfördernd.

Pflanzen Sie fünf bis sechs Staudenlupinen im Kreis auf die Baumscheiben von Äpfeln, Birnen und Kirschen. In größeren Obstgärten ist es einfacher, die Lupinen zu säen und später zu vereinzeln. Zur Blütezeit ist eine solche Baumscheibenbepflanzung eine wahre Augenweide. Allerdings benötigen sowohl die Lupinen als auch die Bäume im Frühjahr meist zusätzliches Wasser. Zur Blütezeit sind die Lupinen für ausreichende Feuchtigkeit dankbar, was den Bäumen ebenfalls zugute kommt.

LUPINEN BESSER AUSSÄEN

Gesäte Lupinen wachsen meist kräftiger und sind weniger krankheitsanfällig als gepflanzte.

Günstige und ungünstige Kombinationen mit Obstgehölzen

Obstart	günstige Baumscheibenbepflanzung und Nachbarschaft	ungünstige Baumscheibenbepflanzung und Nachbarschaft
Äpfel	Brennnesseln, Pfefferminze, Zitronenmelisse, Ringelblumen, Eisenhut (giftig), Veilchen, Kapuzinerkresse, Geranie, Meerrettich, Löwenzahn	Beerensträucher, Wermut, Nadelbäume
Aprikosen	Pfefferminze, Zitronenmelisse, Ringelblumen, Kapuzinerkresse	andere Obstgehölze erst nach etwa 6 m, Salbei, Fichten
Birnen	Brennnesseln, Gundermann, Taubnessel, Winterling, Schneeglöckchen, Zitronenmelisse, Ringelblumen, Kapuzinerkresse, Fingerhut (giftig), Tagetes, Geranie, Löwenzahn	Beerensträucher, Salbei, Wacholder, Himbeere, Wermut, Nadelbäume
Brombeeren	Lupinen, Sommer- und Winterwicken, Vogelfuß (Seradella), Senf	Nadelbäume
Erdbeere	Zwiebeln, Salat, Spinat, Erbsen, Möhren, Lauch und Knoblauch, Feldsalat, Pfefferminze, Petersilie	Kohl, Radieschen, Rettich
Himbeere	Feldsalat, Schnittsalat, Schnittlauch, Lavendel, Thymian, Zitronenmelisse, Ringelblumen, Tagetes	bisher keine bekannt
Johannisbeeren	Gartenkresse, Senf, Brennnesseln, Ringelblumen, Geranie, Tomaten	Äpfel, Steinobst, Nadelbäume, Rosen
Kirschen	Lupinen, Knoblauch, Waldmeister, Maiglöckchen, Brennnesseln, Kapuzinerkresse, Gartenkresse, Ringelblumen, Schnittlauch, Löwenzahn	Beerensträucher, Wermut, Immergrün, Gras (bei jungen Bäumen)
Mirabellen	Brennnesseln, Zwiebeln, Senf, Ringelblumen, Kapuzinerkresse, Tagetes, Geranien, Klee	Kirschen, Fichten, Wermut
Pflaumen und Zwetschen	Brennnesseln, Lerchensporn, Scharbockskraut, Kapuzinerkresse, Ringelblumen, Phacelia, Tagetes, Melde, Feldsalat	Nadelbäume, Beerensträucher, Wermut
Quitten	Brennnesseln, Taubnessel, Löwenzahn, Phacelia, Ringelblumen, Melde	Wermut, Nadelbäume, Beerensträucher, Salbei
Stachelbeeren	Schnittlauch, Wicke, Senf, Ringelblumen, Phacelia	Rosen, Nadelbäume, Salbei, Äpfel
Wein	Phacelia, Ringelblumen, Mohn, Ölrettich, Senf, Nussbaum, Lupinen, Klee, Winterroggen, Zitronenmelisse	Kohl, Wermut, Meerrettich, Rettich

II–» HEIKE BOOMGAARDEN – GÄRTEN EINER PFLANZENBOTSCHAFTERIN

Wir brauchen die Natur

„Ich lege Nutzgärten immer so an, dass Obst, Gemüse und Blumen beieinanderstehen. Das sieht super aus und die Mischkultur sorgt dafür, dass die Obstblüten garantiert bestäubt werden."

Wenn es um ihre Arbeit geht, kann Heike Boomgaarden ernst werden: „Ich möchte, dass die Menschen verstehen, dass wir die Natur brauchen. Deshalb will ich ihnen zeigen, wie viel Freude das Gärtnern macht." Und schon ist es wieder da, das Lachen, das sich jedem einprägt, der sie einmal im Fernsehen gesehen, im Radio gehört oder bei ihrer Projekte wie der Essbaren Stadt Andernach erlebt hat.

Immer frische Kräuter und Gemüse ernten zu können, ist Heike Boomgaarden wichtig.

Große Freude hat die gelernte Obstbauerin wenn Gärten schön sind. Wenn alles Mögliche gleichzeitig blüht und es immer Neues zu entdecken gibt. „Mein Garten ist kunterbunt. Manches ist geplant, anderes entsteht von selbst, aber damit kann ich sehr gut leben." Schön wird ein Garten auch durch Mischkultur, findet sie – und das nicht nur für die Augen.

II–» NACHBARSCHAFTSHILFE

Nicht nur weil es schön ist, plant Heike Boomgaarden Nutzgärten immer so, dass dort Obst, Gemüse und Blumen Platz finden. Blumen im Nutzgarten sorgen dafür, dass Insekten angelockt werden, die die Blüten der Nutzpflanzen bestäuben. Ohne sie gäbe es keine Ernte. Das gilt für alle Obstarten, genauso aber für Fruchtgemüse, wie Tomaten, Paprika oder Auberginen. „Planen Sie die Mischkultur so, dass es immer Blüten gibt. Denn die verschiedenen Nutzpflanzen blühen zu verschiedenen Jahreszeiten", rät die Gärtnerin. Sie lässt sogar einige der Salatköpfe und Fenchelpflänzen so lange auf dem Beet, bis sie Blüten gebildet haben. „Das sieht doch so herrlich aus", lacht sie.

SCHÖN UND NÜTZLICH

Säen Sie Vergissmeinnicht unter Himbeeren, bleiben Beerenwanzen fern.

WÜHLMÄUSE VERTREIBEN

Werfen Sie klein geschnittenen Holunder-Reisig in Pflanzlöcher, das hält Wühlmäuse fern.

GÄRTEN FÜR ALLE

„Mischkultur funktioniert aber auch im ganz kleinen Rahmen", erzählt die Pflanzenbotschafterin. Bei ihren Schulprojekten legt sie mit Schulklassen Hochbeete mit Mischkultur an, die nach einem einfachen Rezept bepflanzt werden:

- **Naschpflanze:** Das können Erdbeeren sein. Setzt man sie nah an die Kante, wachsen sie als Hängepflanzen. Das spart Beetfläche. Gut geeignet sind auch Cranberrys. Die kleinen Sträucher wachsen flach und beschatten den Boden, was das Bodenleben fördert. Gut geeignet ist auch Säulenobst, was ebenfalls wenig Platz braucht.
- **1 Lauchgewächs:** Lauch, Zwiebeln oder Knoblauch scheiden Senföle aus und halten damit Schädlinge fern. Außerdem wachsen sie schmal und nehmen kaum Platz weg.
- **1–2 schnell wachsende Gemüsearten** wie Salat, Radieschen, Zucchini.
- **1 Stickstofflieferant**, also Bohnen oder Erbsen.
- **1–2 Bodendecker**, also teppichartig wachsende Pflanzen wie Thymian, Tripmadam, Günsel oder Kriechender Sellerie (*Apium repens*).

„Das Schöne an der Mischkultur ist auch, dass man viel ausprobieren kann", erklärt Heike Boomgaarden begeistert. Sie experimentiert gerne mit neuen Sorten und Wuchsformen, die die Züchter auf den Markt bringen, oder mit bunten Varianten von bekannten Gemüsearten. „Mit ein paar grundlegenden Kenntnissen über die Pflanzen kann man Tausende von Mischkultur-Kombinationen austesten."

||–» BEI BOOMGAARDENS ZU HAUSE

An einen Zaun in ihrem eigenen Garten hat Heike Boomgaarden Kiwi und Clematis direkt nebeneinander gesetzt. Ihre langen Triebe winden sich ineinander. „Ein irre blühendes Arrangement." An anderer Stelle steht mittig auf einem Beet ein Quittenbaum. Drumherum wächst Rhabarber und im Schatten seiner breiten Blätter erobern Wald-Erdbeeren jedes freie Fleckchen Erde. Dazwischen hat Heike Boomgaarden Buschbohnen gesetzt. Ihnen kommt der bedeckte Boden zugute. Sterben die Rhabarberblätter im Spätsommer ab, sind die Bohnen zu großen dichten Büschen herangewachsen. Vom brauen Rhabarberlaub ist nichts zu sehen.

Ein zweites Beet teilt sich eine Brombeere mit Minze und Erdbeeren. Dafür hat Heike Boomgaarden eine Brombeersorte gewählt, die nur knapp 2 m lange Triebe bildet, und sie an einem Tipi aus Bohnenstangen entlanggeleitet. In einer doppelten Rhizomsperre, die kreisförmig um das Tipi angelegt ist, wachsen verschiedene Minze-Sorten. Auch hier bilden Wald-Erdbeeren einen dichten Teppich.

Und an mehreren Stellen wächst Kapuzinerkresse. „Eine wunderschöne Pflanze zum Begrünen von Baumscheiben unter Obstgehölzen und ein hervorragender Blattlausfänger." Die kleinen Tiere sammeln sich an den Ranken statt die Obstgehölze zu befallen. Schneidet man die langen Ranken ab, bevor sie schlüpfen, wächst die Pflanze gesund nach und das Lausproblem ist auf biologische Weise eingedämmt.

||–» IDEEN FÜR STADTGÄRTNER

„Wer nur wenig Fläche zur Verfügung hat, braucht nicht auf Mischkultur zu verzichten." Pflanzen Sie den Rotlaubigen Holunder (*Sambucus nigra* 'Black Lace') statt der heimischen Art. Die Pflanze bleibt schmaler, wird weniger hoch und das Laub ist sehr attraktiv geschlitzt. Die hellrosa Blüten und violetten Früchte können genauso zu Sirup und Saft verarbeitet werden, wie die der bekannten Art; auch die Jauche aus den Blättern (siehe Seite 87) lässt sich daraus herstellen. Dank seines lichten Wuchses können unter dem Rotlaubigen Holunder Gemüsearten wie Mangold gepflanzt werden, die mit leichtem Halbschatten auskommen. „Außerdem ist Holunder der Baum der Göttin – jeder sollte einen haben!“

Wald-Erdbeeren sind gute Mischkulturenpartner für alle Pflanzen und finden selbst im Balkonkasten oder einem Pflanzkübel Platz. Riesige Ernten sind dann natürlich nicht zu erwarten, aber als Deko für ein besonderes Dessert und zum Naschen zwischendurch taugen sie allemal. „In unseren Gartenprojekten in den Städten merken wir, wie dankbar die Angebote angenommen werden“, erklärt Heike Boomgaarden. „Und irgendwie haben wir doch alle mal klein angefangen …“

GARTEN EINER PFLANZENBOTSCHAFTERIN

GARTEN:	Privatgarten, Essbare Stadt Andernach, Mainz bekennt Farbe
GRÖSSE:	600 m²
BESUCHEN:	Die Mitmachgärten in Andernach, wo öffentliche Grünanlagen in Nutzgärten umgewandelt wurden, und Mainz sind jederzeit zugänglich.
INFORMIEREN:	www.heike-boomgaarden.de www.andernach.de

Warum das Nützliche nicht schön gestalten? Bezieht man Blumen in die Mischkultur mit ein, bleibt das Gemüse gesund und die Stimmung heiter.

Blüten treiben.

Dass Gartenarbeit entspannt und den Geist beruhigt, ist inzwischen wissenschaftlich erwiesen. Dass sie gleich noch einmal so viel Spaß macht, wenn das Drumherum attraktiv ist, hat wohl jeder Gärtner schon einmal bemerkt.

Tagetes und Kapuzinerkresse dürfen in keinem Garten fehlen.

Mischkultur im Ziergarten

Auch unter den einjährigen Sommerblumen und Stauden finden sich einige, die auf ihre Beetpartner eine positive Wirkung haben. Viele davon säen sich immer wieder selbst aus. Sie können sie stehen lassen und beobachten, welchen Effekt diese Zufallskombinationen haben oder sie an andere Stellen verpflanzen.

Kurz, aber intensiv: einjährige Sommerblumen

Lupinen *(Lupinus* spec.)

WIRKUNG: Bis zur Mitte des 19. Jahrhunderts wurde die Gelbe Lupine nur als Zierpflanze angebaut. Aber noch bevor im Jahr 1888 die Stickstoff sammelnden Knöllchenbakterien an den Wurzeln der Schmetterlingsblütler entdeckt wurden, war die düngende Wirkung der Lupine beobachtet worden. Neben Stickstoff schließt sie auch andere Nährstoffe (beispielsweise Phosphor) im Boden auf und macht sie pflanzenverfügbar. Außer als Gründüngungspflanze wird sie noch als Futterpflanze und Körnerfrucht genutzt. Auch unter Obstbäumen ist die Lupine als Baumscheibenbewuchs stets willkommen. Sie bilden tiefe Wurzeln, mit denen sie die Erde lockern und haben die Fähigkeit, den Boden mit Stickstoff anzureichern.

ANBAU: Unter den Lupinen verdient vor allem die Gelbe Lupine (*Lupinus luteus*) unsere Aufmerksamkeit. Sie wird wegen ihrer geringen Ansprüche an den Boden auch gelegentlich als „Gold des Sandes“ bezeichnet. Blaue und Weiße Lupinen stellen höhere Ansprüche an den Boden, sind aber dafür nicht so kalkempfindlich. Sie ist die ideale Vor-, Zwischen- und Nachfrucht sowie

Strahlend schön und bei hungrigen Vögeln begehrt: Sonnenblumen.

eine gute Nachbarpflanze für alle Starkzehrer unter den Gemüsearten. In die Furchen der Kartoffelreihen kann sie ebenso gesät werden wie zwischen Kohlreihen. Brauchen Sie sie nicht mehr, wird sie abgesichelt und bleibt als Bodenbedeckung liegen. Im Allgemeinen blühen Lupinen zehn bis zwölf Wochen nach der Aussaat, die bis Mitte April am günstigsten ist. Späte Aussaaten kommen nicht mehr zur Blüte, sondern werden nur wegen ihres Wertes als Gründüngungspflanzen vorgenommen.

Phacelia *(Phacelia congesta)*

WIRKUNG: Alle Phacelien sind ausgezeichnete Bienenweidepflanzen und werden häufig zu diesem Zweck angebaut. Der Honigertrag ist dann stets besonders hoch. Da sie einer völlig anderen Pflanzenfamilie angehören als alle unsere Gemüsepflanzen, lassen sie sich sowohl als Gründüngung, aber auch als Vor- und Nachkultur immer wieder in die Fruchtfolge einschieben.

ANBAU: Ab April wird an Ort und Stelle gesät. Sie wachsen auf beinahe jedem Boden, auch auf Schutthalden und Ödland, nur darf er nicht sauer sein. Phacelia eignet sich als Nachbarpflanze und Unterkultur für alle Obst- und Gemüsearten und für Rosen und Stauden.

Ringelblumen *(Calendula officinalis)*

WIRKUNG: Besonders über ihr Wurzelwerk scheidet die Ringelblume pflanzenförderliche Substanzen aus. Auch eine Nematoden hemmende Wirkung wird ihr zugesprochen. Das macht sie zu einer guten Begleitpflanze von Kohlarten und Bohnen, Himbeeren und Steinobst. Auch auf Baumscheiben leistet sie gute Dienste. Vor allem aber lieben Tomaten die Nähe der Ringelblume und danken ihren guten Einfluss mit einem krankheitsfreien Aufwuchs und einem gutem Ertrag.

ANBAU: An Anspruchslosigkeit, Blühfreudigkeit und vielfältigem Nutzen ist die Ringelblume wohl unübertroffen. Sie sät sich selbst aus und kann bei Bedarf problemlos verpflanzt werden.

Sonnenblumen *(Helianthus annuus)*

WIRKUNG: Mit ihrem Kranz goldleuchtender Blütenblätter ist die Sonnenblume das Lieblingskind aller Hobbygärtner. Sonnenblumen gehören zu den wichtigen Bodenverbesserern und sollten immer wieder in die Fruchtfolge oder Mischkultur einbezogen werden.

ANBAU: Sie wächst in jedem guten Gartenboden, verlangt aber volle Sonne, um sich zu ihrer vollen Schönheit zu entfalten. Sie können die Sonnenblumen ab März zu mehreren in Blumentöpfen vorziehen und Mitte Mai auspflanzen. Aber auch eine Aussaat direkt ins Freiland ist möglich. Sie blühen im August/September.

Bunter Mix aus Farben: Blühendes im Gemüsegarten.

AUS DEM NOTIZBUCH VON

Sr. Christa

WICKEN ALS AUGENSCHMAUS

Hübsch und lebendig sieht es auch aus, die Duft-Wicken an bogenförmigen Ruten über andere Pflanzen zu ziehen. Im Sommer sind die Rankhilfen unter den rankenden Trieben und bunten Blüten kaum noch zu sehen.

Tagetes oder Studentenblume *(Tagetes patula)*

WIRKUNG: Ihre Nachbarschaft ist eigentlich für alle Gemüse- und Obstpflanzen förderlich. Zwischen Beerenobst und auf Baumscheiben fördert sie das Wachstum der Nachbarpflanzen. Als Mischkultur zu Kohl, Tomaten, Stangenbohnen und Gurken sind Tagetes ebenfalls zu empfehlen, wobei sie Kohlpflanzen sogar in von Kohlhernie verseuchten Beeten vor dieser gefährlichen Krankheit schützen. Auch Versuche, Möhrenreihen durch die Nähe der Tagetes vor der Möhrenfliege zu bewahren, zeigten Erfolg.

ANBAU: Tagetes sind sehr kälteempfindlich und müssen im Haus vorgezogen werden. Säen Sie ab März in Töpfe oder Aussaatschalen und pflanzen Sie diese erst nach den Maifrösten an Ort und Stelle ins Freiland. Samen, die aus abgeblühten Samenständen im Herbst ausfallen, keimen erst gegen Ende Mai und ergeben dann aber kräftige Pflanzen, die Sie später an den gewünschten Platz umpflanzen können.

Wicken *(Lathyrus odorata)*

WIRKUNG: Wicken gehören zur Familie der Schmetterlingsblütler und reichern den Boden mit Stickstoff an. Sie sind also gute Vorfrüchte für Stickstoffzehrende Gemüsearten, darüber hinaus aber auch als Schnittblumen geeignet. Die Duft-Wicke oder auch Platterbse ist ein guter Partner für alle Kohlarten, Rüben, Mangold und Spinat, weil sie deren Wachstum anregt und gleichzeitig den Boden mit Stickstoff versorgt.

ANBAU: Wicken wünschen humus- und kalkhaltigen, nur leicht feuchten Boden. Säen Sie ab März direkt an Zäune, Maschendraht oder Spaliere und halten Sie bis zum Auflaufen den Boden feucht. Stehen die Pflanzen zu dicht, können Sie sie auf etwa 15 cm ausdünnen. Am besten wird in Folgesaaten von je vier Wochen Abstand ausgesät, dann können Sie im Herbst noch Blüten schneiden.

Freunde fürs Leben: Stauden

Stauden bilden unterirdische Pflanzenteile, aus denen sie jedes Frühjahr erneut austreiben. In die Gemüsemischkultur lassen sie sich nur am Rande einplanen, denn die Gemüsepflanzen wechseln jährlich die Beete. An den Beeträndern leisten Stauden jedoch durch ihren Duft oftmals gute Dienste zur Schädlingsabwehr und locken Nützlinge und Bestäuber in den Garten.

Duft-Pelargonie *(Pelargonium × citrosum)*

WIRKUNG: Die Duft-Pelargonie ist besonders nützlich bei der Abwehr der Weißen Fliege.

ANBAU: Aus einer größeren Pflanze können Sie leicht Stecklinge ziehen. Dadurch wird die Anzahl der Pflanzen, die Sie zur Verfügung haben, von Jahr zu Jahr größer. Im Gewächshaus wird sie zwischen die gefährdeten Zier- und Gemüsepflanzen platziert. Dabei gilt die Regel: Je dichter Sie Pflanzen oder Töpfe aufstellen, desto besser ist der Schutz. Am besten setzen Sie alle 50 cm eine Duft-Pelargonie.

Duft-Veilchen *(Viola odorata)*

WIRKUNG: Duft-Veilchen üben einen günstigen Einfluss auf die Entwicklung und das Aroma von Erdbeeren aus. Wald-Erdbeeren (*Fragaria vesca*) entwickeln zwischen Veilchen an schattigen Stellen ein besonders kräftiges Aroma. Auch unter Obstbäumen wirken sie wohltätig: zum einen durch ihren Duft, zum anderen weil ihr Wurzelwerk oft als Winterquartier von Marienkäfern aufgesucht wird. Die Frühlingsblüher können eine dichte Bodendecke bilden. Davon profitieren Steinobstarten wie Reneclauden oder Eierpflaumen, die feuchtwarmen Boden bevorzugen. Zwischen Kohlarten und Veilchen scheint allerdings eine gegenseitige Abneigung zu bestehen: Setzen Sie sie in ihre Nähe, so kümmern sowohl die Kohlgewächse als auch die Veilchen dahin. Manchmal richten sie sich durch ihre Ausscheidungen gegenseitig zugrunde.

ANBAU: Haben sich die violett blühenden Pflanzen einmal etabliert, verbreiten sie sich mit Samen im ganzen Garten. Wollen Sie sie nicht verwildern lassen, müssen sie von Zeit zu Zeit stark ausgelichtet werden. Praktisch ist eine Umrandung aus Veilchen am Erdbeerbeet.

Maiglöckchen *(Convallaria majalis)*

WIRKUNG: Unter Kirsch- und anderen Obstbäumen fördern sie deren Fruchtbarkeit und Widerstandskraft gegen Krankheiten und Schädlinge.

ANBAU: Maiglöckchen sind Pflanzen des Waldrandes und lichten Schattens. Sie verbreiten sich über Wurzeltriebe, Rhizome genannt.

Narzisse *(Narcissus spec.)*

WIRKUNG: In ihrem Namen steckt das griechische Wort „narcao", das heißt „ich betäube". Wegen des starken Duftes vertreiben die Narzissen zwischen Stauden und unter jungen Obstbäumen die Wühlmäuse.

ANBAU: Günstigste Pflanzzeit ist September bis Oktober. Setzen Sie sie am besten in die Nähe von wühlmausgefährdeten Pflanzen, beispielsweise an jung gepflanzte Obstbäume und neben Krokuszwiebeln. Oder fassen Sie den ganzen Garten mit Narzissen und Kaiserkronen ein.

Topinambur *(Helianthus tuberosus)*

WIRKUNG: Topinambur ist verwandt mit der Garten-Sonnenblume, entwickelt aber nur kleine Blüten, dafür allerdings die vielseitig verwendbaren unterirdischen Knollen.

ANBAU: An den Standort stellen die Pflanzen keinen hohen Anspruch. Sie können als lebendiger Zaun und Windschutz entlang der Grundstücksgrenze gepflanzt werden. Säen Sie als Bodenbedeckung zwischen den einzelnen Pflanzen Phacelia, Buchweizen oder Wicken. Die Wicken ranken sich am Topinambur hoch und beleben das Gartenbild. Außerdem kommen sie als Stickstoff sammelnde Pflanzen den Nährstoffansprüchen des Topinambur entgegen. Werden im Mai die Topinamburtriebe sichtbar, säen Sie Stangenbohnen um sie herum. Sie können als Schmetterlingsblütler ebenfalls Stickstoff im Boden fixieren. Im Gegenzug geben die Topinamburstängel den Bohnen Halt. Wählen Sie für diese Kombination standfeste Sorten aus. Entweder im Herbst (November) oder im April des Folgejahres wird das Beet dann neu angelegt.

Konkurrenz unter Blühpflanzen

- Blühender Flieder und Narzissen welken schneller zusammen mit Maiglöckchen in einer Vase.
- Vergissmeinnicht vergehen in Nachbarschaft von Narzissen schneller.
- Kiefer und Lorbeer, Rosen und Reseden sind Feinde.
- Rosensträucher verlieren ihre Blätter, wenn Äpfel in ihrer Nähe lagern.
- Wickenkeimlinge wachsen in der Nähe eines Apfels 21-mal langsamer als normal.

Günstige und ungünstige Kombinationen mit Zierpflanzen

Pflanzenart		günstige Nachbarschaft	ungünstige Nachbarschaft
Iris	♃	Ringelblumen, nicht rankende Kapuzinerkresse, Lavendel	Kamille, Wermut
Lilien	♃	Kapuzinerkresse, Knoblauch, Zwiebeln, Phacelia, Lavendel, Ringelblumen	Spargel, Klatsch-Mohn
Lupinen	♃	Blattgemüse, Kohlarten, Kartoffeln, Tomaten, Gurken, Möhren, Rote Bete, Sellerie, Spargel, Spinat, Obstbäume und Sträucher	keine bekannt
Maiglöckchen	♃	Einzelgänger, unter Bäumen, Waldmeister	Rosen, Tulpen
Nelken	♃	Sonnenblumen, Glockenblumen, Ränder von Baumscheiben	Rosen
Phacelia	⊙	Kohlarten, Kartoffeln, Zuckermais, Bohnen, Erbsen, Beerensträucher, Lilien, Rosen	keine bekannt
Ringelblumen	⊙	Tomaten, Erbsen, Bohnen, Gurken, Kohl, Obstbäume, Beerensträucher, Iris, Lilien, Rosen	keine bekannt
Rosen	♄	Knoblauch, Zwiebeln, Kapuzinerkresse, Lavendel, Pfefferminze, Phacelia, Ringelblumen, Tagetes, Lilien, Rittersporn, Tulpen	Obstbäume, Thuja, Immergrün, Reseden, Maiglöckchen, Nelken
Roter Fingerhut (giftig)	⊙⊙	Beerensträucher, Obstbäume	keine bekannt
Schafgarbe	♃	als Isolierpflanze zu Wermut, Beerenobst	keine bekannt
Sonnenblumen	⊙	Pfirsiche, Kohlgewächse, Nelken, Gartenränder	keine bekannt
Tagetes	⊙	Bohnen, Erdbeeren, Möhren, Kohl, Obstbäume, Rosen	keine bekannt
Topinambur	♃	Stangenbohnen, Buchweizen, Phacelia, Wicken	Gras
Tulpen	♃	Knoblauch, Zwiebeln, Thuja	Maiglöckchen
Veilchen	♃	Erdbeeren, Obstbäume	Kohl
Wicken	⊙	Himbeeren, Johannisbeeren, Lauch, Salat, Spinat, Stachelbeeren, Kohl	Kartoffeln

⊙ Einjährig, ⊙⊙ Zweijährig, ♃ Mehrjährige Staude, ♄ Mehrjähriger Strauch

||–» VIKTORIA FREIFRAU VON DEM BUSSCHE – BLÜTENREICHER NUTZGARTEN

Blüten, Düfte und Farben

„Unter den Gemüsearten sind ja schon einige mit wundervoller Blüte, und ein Küchengarten muss auch das Auge erfreuen. Entstanden ist ein Gesamtkunstwerk aus Gemüse und Blumen."

Die flauschigen Kolben des Amaranth und die ballgroßen Dahlienköpfe wirken fast ein wenig vulgär im Mix aus filigranem Laub und zarten Blüten. Grazil und vornehm dagegen wippen daneben die langen Stängel des Argentinischen Eisenkrautes und der Kosmeen im Wind. Stockrosen lehnen sich an hölzerne Rankgerüste an denen Buschbohnen der Sonne entgegenwachsen. Und über dem Geschehen thronen gigantische Sonnenblumen wie Kronleuchter.

Im Spätsommer wird im Ippenburger Küchengarten das Gemüse weniger, die Blütenvielfalt größer.

||–» SONNENFARBEN UND ZITRONENDÜFTE

Damit ihr Küchengarten im Park von Schloss Ippenburg ein stimmiges Gesamtbild bekommt, widmet sich Viktoria von dem Bussche nach dem Planen der Gemüsekombinationen einer ganz besonderen Kür: Nach Lust und Laune werden Sommerblumen in die Beete platziert. Darunter viele, die seit Kindertagen ihre liebsten sind: Löwenmäulchen, Gladiolen, Wicken oder Sonnenblumen.

Aber auch eine ganze Palette von Pflanzen mit essbaren Blüten. Wie die im Garten allgegenwärtige Kapuzinerkresse in hellem Zitronengelb, Warnwesten-Orange und Glutrot. Daneben stehen Ringelblumen in den Farben der Sonne, Indianernesseln in verwaschenem Rot, Duft-Pelargonien mit Apfel- oder Zitronendüften, Borretsch, Gewürzfenchel, Koriander oder *Tagetes lucida*, einer Tagetes-Art mit aniswürzigen Blättern.

Die hohen Sonnenblumensorten lassen den Gemüsepflanzen Licht und Luft zum Wachsen.

||–» FÜLLE IN FORM GEBRACHT

„Neben dem praktischen Nutzen des Küchengartens darf seine Schönheit nicht zu kurz kommen. Aus Linien und Strukturen, Duft, Farben und Blüten entstehen eine ganz eigene Schönheit, eine Freigiebigkeit und Großzügigkeit, die ich mit allen Sinnen genieße." Dieses Glücksgefühl erreicht sie in ihrem Küchengarten durch das sorgfältig komponiert und doch Leichtigkeit ausstrahlende Zusammenspiel von Kräutern, Blumen und Gemüse. Aber auch durch den geradlinigen Rahmen. An Strukturen wie Wasserbecken und Blut-Buchen-Hecken kann das Auge zur Ruhe kommen und Kraft für das nächste überwältigende Bild aus Farben und Formen sammeln.

||–» DIE NATUR HILFT SICH SELBST

Der kunterbunte Kulturenmix schmeichelt aber nicht nur dem Auge und dem Gaumen. Auch die Pflanzen profitieren. Sie schützen sich mit Düften gegenseitig vor Schädlingen oder stärken sich untereinander. „Zwischen die Rosen setze ich Knoblauch und Lavendel. Das hält die Rosen gesund", erklärt Viktoria von dem Bussche. Den Rand des Küchengartens bilden kniehohe Staketenzäune, um die sich Kapuzinerkresse windet. Genau wie Tagetes und Ringelblume stärkt sie ihre Beetnachbarn und hält Schädlinge und Krankheiten fern. „Für uns ist es doch nur von Vorteil, wenn die Natur sich selber hilft. Schließlich wollen wir genießen können, was hier wächst, und dann darf es nicht gespritzt sein. Und Arbeit gibt es hier auch so schon genug."

Allheilmittel Ringelblume: Schön anzusehen, gesund für die Nachbarpflanzen und auf fast jedem Boden zu Hause.

Planungshilfen für den Gemüsebau

Gemüseart	Aussaat	Pflanzung	
Blumenkohl	Mitte II bis Mitte III	Anfang IV bis Ende VI	
Bohnen Buschbohnen Stangenbohnen	 Mitte V bis Mitte VII Mitte V bis Ende VI	 – –	
Chinakohl	ab Ende VI	Mitte VI bis Mitte III	
Endivien	VI	VII	
Erbsen	Mitte III bis Ende III	–	
Fenchel	Mitte VI bis Mitte VII	Mitte bis Ende VII	
Feldsalat	Mitte VII bis Mitte IX und Ende II bis Anfang III	–	
Frühkartoffeln	–	IV bis V	
Gurken	Mitte IV	Mitte V	
Grünkohl	V bis VI	Ende VI bis Ende VII	
Kohlrabi	III bis Anfang VII	Mitte III bis VIII	
Kopfkohl Früh (Frühkohl) mittelfrüh spät (Spätkohl)	 III IV V	 IV V VI bis VII	
Kopfsalat	II bis Anfang VIII	III bis Mitte VIII	
Lauch (Porree)	II bis Ende VI	V bis VI	
Mangold	IV	V	
Möhren	III bis Mitte VI	–	
Radieschen	III bis VIII	–	
Rettich	III bis VIII	–	
Rosenkohl	V bis VI	V bis VI	
Rote Bete	Mitte IV bis Ende VI	Ende VI	
Schwarzwurzeln	III	–	
Sellerie	Mitte III	V bis VI	
Spinat	III bis V und IX bis XI	–	
Tomaten	III	ab Mitte V	
Zucchini	IV bis V	ab Mitte V	
Zuckermais	Ende IV bis Anfang V	ab Mitte V	
Zwiebel Säzwiebeln Steckzwiebeln	 Anfang III –	 – IV	

	Reihenabstand	Abstand in der Reihe	Ernte
	40 cm	40 bis 50 cm	VI bis Mitte IX
	40 bis 50 cm mindestens 1 m	8 bis 10 cm 60 cm, je 5 Bohnen pro Stange	VII bis XI VII bis X
	40 bis 50 cm	30 bis 40 cm	X bis XI
	35 cm	30 cm	X bis XI
	25 bis 30 cm	4 bis 5 cm	ab VI
	35 cm	30 cm	X bis XI
	15 cm	2-3 cm	X bis XII und V
	60 bis 70 cm	30 cm	ab Ende VI
	40 bis 50 cm	50 cm	Anfang VII bis MIX
	50 cm	40 cm	ab XI
	20 bis 30 cm	20 bis 25 cm	Ende V bis Ende X
	35 cm 40 cm 50 cm	40 cm 40 cm 50 cm	ab Mitte VI ab VII ab Ende IX
	25 bis 30 cm	30 cm	V bis X
	30 cm	10 bis 12 cm	ab VII bis XII
	25 cm	30 cm	ab VI
	20 cm	2 bis 3 cm	ab VI
	6 bis 10 cm	5 bis 6 cm	ab IV
	20 bis 30 cm	15 bis 20 cm	ab V
	50 cm	40 cm	ab XI
	25 bis 30 cm	8 bis 10 cm	ab VIII
	30 cm	5 bis 6 cm	ab X
	50 cm	50 cm	ab IX
	20 cm	2 bis 3 cm	IV bis V und IX bis XI
	50 cm	60 cm	ab VII
	100 cm	100 cm	ab VII
	70 bis 80 cm	40 cm	Ende VII bis VIII
	30 cm 25 cm	5 bis 6 cm 5 bis 6 cm	ab VIII VII

Bezugsquellen

Kräuterpulver Humofix und Literatur

ABTEI FULDA:
Nonnengasse 16, 36037 Fulda
Tel.: +49 (0)661-9024531, www.abtei-fulda.de

Gartenprodukte

BERNHARD FÜGER:
Kalmitstraße 15, 68753 Waghäusel
Tel.: +49 (0)7254-72835

BLAUETIKETT BORNTRÄGER GMBH:
In den Aspen 1, 67591 Offstein
Tel.: +49 (0)6243-905326
www.blauetikett.de

BIOLAND HOF JEEBEL
Biogartenversand OHG
Jeebel 17, 29410 Salzwedel OT Jeebel
Tel.: +49 (0)39037-781
www.biogartenversand.de

FA. SNOEK:
Tannenweg 10, 27356 Rotenburg/Wümme
Tel.: +49 (0)4268-400
www.snoek-naturprodukte.de

ARIES UMWELTPRODUKTE:
Stapeler Dorfstraße 23, 27367 Horstedt-Stapel
Tel.: +49 (0)4288-9301-0
www.aries-online.de

Biologisches Saatgut

DRESCHFLEGEL:
In der Aue 31, 37213 Witzenhausen
Tel.: +49 (0)5542-502744
www.dreschflegel-saatgut.de

BINGENHEIMER SAATGUT:
Kronstraße 24, 61209 Echzell
Tel. +49 (0)6035-1899-0
www.bingenheimersaatgut.de

SATIVA:
Keltenweg 4, 79798 Jestetten
Tel.: +49 (0)7745-2799975
www.sativa-biosaatgut.de

BIO-SAATGUT GABY KRAUTKRÄMER:
Weingartenstraße 58, 97252 Frickenhausen
Tel. +49 (0)9331-9894200
www.bio-saatgut.de

Verwendete Literatur

ABTEI FULDA (1994):
Gemüsebau im Biogarten.

ABTEI FULDA (1994):
Heil- und Würzkräuter – Naturgemäßer Anbau und Verwendung.

ABTEI FULDA (1997):
Obstbaukalender auf biologischer Grundlage.

ABTEI FULDA (1985):
Blumen im Nutzgarten.

ABTEI FULDA (1983):
Pflanzensaft gibt Pflanzen Kraft.

ABTEI FULDA (1996):
Pflanzen duften den Garten gesund.

BOAS, FRIEDRICH (1949):
Dynamische Botanik.
Hanser Verlag, München.

FRANCK, GERTRUD (1980):
Gesunder Garten durch Mischkultur.
Südwest-Verlag, München.

HALLER, ALBERT VON (1981):
Wirkstoffe der Pflanzen als Ordnungskräfte.
Bioverlag gesundleben, Dreieich.

HASSELHORST, CHRISTA (2014):
Geliebte Küchengärten.
Verlag Eugen Ulmer, Stuttgart.

HILLS, LAWRENCE D. (1977):
Organic Gardening.
Harmondsworth, Middleessex.

LANGERHORST, MARGARETE (2003):
Meine Mischkulturenpraxis.
OLV, Xanten.

MOLISCH, HANS (2007):
Der Einfluss einer Pflanze auf die andere: Alleopathie.
VDM Verlag Dr. Müller, Saarbrücken.

VON DEM BUSSCHE, VIKTORIA (2012):
Ich träume von einem Küchengarten.
Callwey Verlag, München.

WEINRICH, CHRISTA (2019):
Mischkultur im Hobbygarten.
Verlag Eugen Ulmer, Stuttgart.

Zum Weiterlesen

BROSS-BURKHARDT, BRUNHILDE:
Das große Biogarten-Buch.
Verlag Eugen Ulmer Stuttgart, 2017.

BÜHRING, URSEL:
Alles über Heilpflanzen. Erkennen, anwenden und gesund bleiben.
Verlag Eugen Ulmer Stuttgart, 2020.

BÜHRING, URSEL UND BÄCHLE-HELDE, BERNADETTE:
Heilkraft von Obst und Gemüse – Iss dich gesund mit Farben und Vitalstoffen.
Verlag Eugen Ulmer Stuttgart, 2021.

GRABNER, MELANIE UND WEIDENWEBER, CHRISTINE:
Tomatenliebe. Samenfest, robust und köstlich – außergewöhnliche Sorten für Garten & Balkon.
Verlag Eugen Ulmer Stuttgart, 2023.

GRIEB, ORTRUD:
Alles über Bio-Gemüse. Pflanzen, pflegen, ernten.
Verlag Eugen Ulmer Stuttgart, 2018.

LANGHEINEKEN, JUTTA UND EHRL, SEBASTIAN:
Bio-Starter.
Blv Verlag München, 2015.

WEINRICH, CHRISTA:
Geheimnisse aus dem Klostergarten. Handbuch für den Zier- und Nutzgarten.
Kosmos Verlag Stuttgart, 2017.

Bildquellen

Alle Fotos stammen von Jutta Langheineken, außer:
Borstell, Ursel: Seite 95
Buchczik, Nadja: Seite 9, 106
Flora Press/Edition Phönix: Seite 107
geraria/Shutterstock.com: Seite 35, 159
Flora Press/FocusOnGarden/Sibylle Pietrek: Seite 88
Gerster, Gaby: Titelbild
Lipatova Maryna/Shutterstock.com: Seite 15
Möhrle, Bigi: Seite 157
von dem Bussche, Viktoria Freifrau: Seite 19, 25, 43, 96, 111, 112, 137, 153, 167
Pin/Shutterstock.com: Seite 99, 133
Sergey Hramov/Shutterstock.com: Seite 21
Die Zeichnungen fertigte Helmuth Flubacher, Waiblingen, nach Vorlagen der Autorinnen an.

Impressum

Die in diesem Buch enthaltenen Empfehlungen und Angaben sind von den Autorinnen mit größter Sorgfalt zusammengestellt und geprüft worden. Eine Garantie für die Richtigkeit der Angaben kann aber nicht gegeben werden. Autorinnen und Verlag übernehmen keine Haftung für Schäden und Unfälle. Bitte setzen Sie bei der Anwendung der in diesem Buch enthaltenen Empfehlungen Ihr persönliches Urteilsvermögen ein.
Der Verlag Eugen Ulmer ist nicht verantwortlich für die Inhalte der im Buch genannten Websites.

Anmerkung zur Schreibweise (Gendering): Gendergerechtigkeit und Inklusion sind bei uns gelebte Praxis – bei der Auswahl unserer Themen, bei der Recherchearbeit, in der Gestaltung. Unsere Texte meinen alle. Damit unsere Inhalte jedoch gut lesbar bleiben, verzichten wir in diesem Werk auf die jeweilige Mehrfachnennung oder Anpassung der Schreibweise bestimmter Bezeichnungen an die weibliche, männliche oder diverse Form.

Bibliografische Information der Deutschen Nationalbibliothek
Die Deutsche Nationalbibliothek verzeichnet diese Publikation in der Deutschen Nationalbibliografie; detaillierte bibliografische Daten sind im Internet über http://dnb.d-nb.de abrufbar.

Das Werk einschließlich aller seiner Teile ist urheberrechtlich geschützt. Jede Verwertung außerhalb der engen Grenzen des Urheberrechtsgesetzes ist ohne Zustimmung des Verlages unzulässig und strafbar. Das gilt insbesondere für Vervielfältigungen, Übersetzungen, Mikroverfilmungen und die Einspeicherung und Verarbeitung in elektronischen Systemen.

© 2016, 2023 Eugen Ulmer KG
Wollgrasweg 41, 70599 Stuttgart (Hohenheim)
E-Mail: info@ulmer.de
Internet: www.ulmer.de
Konzeption und Projektmanagement: SeitenWerk, Ute Rather, Hamburg
Lektorat: Antje Krause, Doris Kowalzik
Herstellung: Gabriele Wieczorek, Judith Schumann
Umschlaggestaltung: Katja von Ruville, Frankfurt a. M.
Satz: Michaela Mayländer, Stuttgart
Druck und Bindung: Firmengruppe APPL, aprinta Druck, Wemding
Printed in Germany

ISBN 978-3-8186-1832-2

Register

Hier können Sie weiterlesen

Werfen Sie die strikte Trennung von Nutz- und Ziergarten über Bord, und erfahren Sie hier, wie sich Gemüse- und Zierpflanzen auch ohne die strengen Regeln der Mischkultur miteinander kombinieren lassen! Denn: Gemüse ist ein 1-a-Gestaltungselement und kann prima in Blumenbeete integriert werden. Lassen Sie sich inspirieren und entdecken Sie neben teils essbaren Zierpflanzen diverse Gemüsearten und -sorten, die nicht nur lecker schmecken, sondern auch super aussehen!

Gemüse ins Blumenbeet! Kreativ gärtnern mit Dahlie, Artischocke & Co. H.Lorey. 2021. 192 Seiten, 120 Farbfotos, 4 farbige Zeichnungen, Klappenbroschur. ISBN 978-3-8186-1274-0.

Wie schmecken eigentlich Kartoffeln? „Ziemlich neutral", sagen viele. Dass das gar nicht stimmt und jede der weltweit 3000 anerkannten Sorten anders schmeckt, beweist uns „Kartoffelsommelière" Heidi Lorey in diesem Buch. Erfahren Sie, welche Sorte sich für Ihren Garten eignet, wie Sie sie richtig pflanzen und pflegen. Und weil Kartoffelliebe durch den Magen geht, gibt die Autorin nicht nur ihre liebsten Kartoffelrezepte preis, sondern verrät Ihnen auch, mit welchen Sorten diese am besten gelingen.

Kartoffelliebe. Pflanzen, ernten, Sortenvielfalt genießen. H. Lorey. 2019. 144 S., 187 Farbfotos, 5 farbige Zeichnungen, 5 Tabellen, Klappenbroschur. ISBN 978-3-8186-0649-7.